<그리스도인이면 꼭 알아야 할 성경 지식>

느헤미야

느헤미야의 예루살렘 재건

서울솔로몬학교 성경연수원

차 례

이 책에 인용된 성경 구절은 〈한글킹제임스성경〉입니다.

제1과

느헤미야의 참회 기도와 예루살렘 성벽 재건(1-3장)

『이제 주의 귀를 기울이시고 주의 눈을 여시어 이제 주 앞에서 주의 종들인 이스라엘 자손을 위하여 주야로 기도하는 주의 종의 기도와 우리가 주께 대하여 범죄한 이스라엘 자손의 죄들을 자백하는 것을 들으소서. 나와 내 아버지의 집이 모두 죄를 지었나이다』(느 1:6).

느헤미야는 어떤 책인가?

느헤미야는 전체 13장, 406절, 10,483단어로 되어 있으며(영어 〈킹제임스성경〉의 경우), 약 B.C. 445-440년경에 기록되었다. 느헤미야서의 첫 구절은 『**하갈랴의 아들 느헤미야의 말이라.**』(느 1:1)이다. 그렇기에 저자인 느헤미야는 이름들의 목록을 제외하면 책 전체에서 "나"의 관점, 즉 1인칭 시점으로 이야기를 써 내려간다(느 1,2,3,4,5,6장; 7:1-5; 12:31-47; 13장).

느헤미야는 페르시아의 수산에서 예루살렘으로 두 번 여행을 갔다. 첫 번째 여행은 페르시아 왕 아탁세르세스왕 제20년에 있었는데 그때부터 재위 32년까지 계속되었다(느 2:1; 5:14; 13:6). 그 후 느헤미야는 예루살렘으로 두 번째 여행을 떠났는데, 아탁세르세스왕 제32년에 있었던 일이었다(느 13:6). 아탁세르세스왕은 B.C. 464년부터 424년까지 통치했기 때문에, 느헤미야의 첫 번째 예루살렘 체류는 B.C. 445-433년에 있었고, 두 번째 체류는 그 직후에 이루어졌을 것으로 여겨진다.

에스라서의 속편인 느헤미야서는 B.C. 445년에 이루어진 유대인들의 3차 귀환을 다루고 있다. 1차 귀환(B.C. 536) 때 스룹바벨과 여호수아를 통해 예루살렘에 성전을 재건하고, 2차 귀환(B.C. 458) 때 에스라를 통해 율법의 회복을 통한 경배 규례 확립을 이루었다면, 3차 귀환(B.C. 445) 때에는 느헤미야를 통해 예루살렘의 성벽 재건을 이룬 것이다. 느헤미야의 임무는 예루살렘의 성벽과 성문을 재건하는 것이었기 때문에 유대인들의 "정치적 회복"을 상징했다(1,2차 귀환은 "종교적 회복"). 느헤미야는 성벽을 재건하고 백성들의 성별을 유지하려는 과정에서 기도의 사람임이 증명되었다(느 1:5-11; 2:4; 4:4; 4:9; 5:19; 6:9,14; 13:14,22,29,31). 느헤미야는 매사에 하나님을 찾고 의지하는 기도의 사람이었던 것이다.

느헤미야서는 유대인들이 본토로 돌아와 정치적 회복을 하려 할 때 그곳에 있던 "팔레스타인인들"(산발랏, 토비야, 게셈)이 방해를 놓는 것을 보여 준다. 느헤미야서는 구약의 어떤 책보다도 현 시대의 유대인들의 모습과 밀접한 관련이 있다. 이 점은 A.D. 1917년(밸푸어 선언)에서 오늘날을 지나 향후 세계적으로 일어나는 일들을 설명하고 있는데, 유대인들은 자기 땅과 관련된 일에 있어서 늘 "팔레스타인인들"의 방해를 받는 것이다. 팔레스타인(Palestine)이라는 말은 필리스티아(Philistine)이라는 말에서 왔지만, 오늘날의 어떤 "팔레스타인인"도 팔레스타인에 산 적이 없었다. 소위 "팔레스타인인"이란 자들은 지난 6천 년 인류 역사에서 결코 국가를 이룬 적도 없고, 예루살렘이 그들의 수도였던 적도 없었다. 예루살렘은 이스라엘 민족의 수도였지, 어떤 "팔레스타인 국가"의 수도도 아니었다. 1948년에 유대인들이 자기 나라로 돌아왔을 때 팔레스타인은 여전히 한 국가가 아니었으며, 그들에게는 문화도, 언어도, 정치 지도자도 없었고, 수도도 없었다. 종교가 하나 있었을 뿐인데, 그것은 "이슬람"이었다. 존재하지 않는 팔레스타인 "국가"의 초대 "대통령"은 어이없게도 이집트에 팔레스타인해방기구(PLO)를 창설한 이집트인 "아라파트"였다.

느헤미야서를 통해 목회 사역에 대한 공부를 할 수 있는데, 느헤미야서는 그 점에 있어서 훌륭한 교과서이다. 늘 그리스도인들을 상대해야 하는 목회자들은 느헤미야가 직면했던 문제들에 직면할 것이다. 느헤미야를 괴롭혔던 문제들은 지역 교회들 안에서 종종 발생하는 문제들인 것이다.

■ 새롭게 깨달았거나 적용할 내용이 있다면 적어 보세요. ■

느헤미야의 참회 기도(1장)

『내가 이 말을 듣고 나서, 앉아 울며 며칠 동안 애도하여 금식하고 하늘의 하나님 앞에 기도하며 말하기를 "오 하늘의 **주** 하나님이여, 위대하시고 두려우신 하나님이여, 주께 내가 간구하오니 주께서는 주를 사랑하고 주의 계명들을 준수하는 자들에게 언약과 자비를 지키시나이다. 이제 주의 귀를 기울이시고 주의 눈을 여시어 이제 주 앞에서 주의 종들인 이스라엘 자손을 위하여 주야로 기도하는 주의 종의 기도와 우리가 주께 대하여 범죄한 이스라엘 자손의 죄들을 자백하는 것을 들으소서. 나와 내 아버지의 집이 모두 죄를 지었나이다. 우리가 주께 대하여 심히 타락하게 행하여 주께서 주의 종 모세에게 명하신 계명들과 규례들과 명령들을 지키지 아니하였나이다』(1:4-7).

느헤미야는 그가 왕의 잔을 떠받치는 자(11절)로서 수산궁(왕의 궁전)에 있을 때 그의 형제 중 하나인 "하나니"(느헤미야의 친형제, 느 7:2)가 몇몇 유다 사람들과 오자 사로잡힘을 면하여 피한 유대인들과 예루살렘에 관해 질문을 한다(1,2절). **하나니와 함께 온 무리는 유대에서 이제 막 페르시아로 돌아온 상태였기 때문에 당시 예루살렘의 상황을 "직접" 목격한 사람들이었다**. 느헤미야가 그들에게서 들은 답변은 『**사로잡힘을 면하여 남은 자들이 그 지방에서 큰 고난과 능욕 가운데 있으며 예루살렘 성벽도 허물어졌고 그 문들도 불태워졌**』다는(3절) 것이었다. 예루살렘 성읍은 여전히 폐허 상태였고, 남은 자들은 아무런 보호도 받지 못한 채 적들에게 노출된 가련한 사람들이었으며(애 1:11; 5:1-16), 그들은 우상 숭배에 빠져 있는(왕하 17:30,31) 혼혈 "사마리아인들"(왕하 17:24,30,31)에게 둘러싸여 있었다. 성읍들은 불태워진 흔적이 역력했으며, 세월이 지남에 따라 조금씩 부식되어 균열이 일어나고 있었다. 느헤미야는 이와 같은 답변을 듣고 나서 앉아 "울며" 며칠 동안 "애도하여" "금식하고" 하늘의 하나님 앞에 "기도했는데"(4절), 이어지는 5절부터 11절까지의 내용이 "느헤미야의 참회 기도"이다. 성경에는 위대한 참회 기도 네 가지가 나오는데, 다니엘 9장, 시편 51편, 에스라 9장, 느헤미야 1장이 그것이다.

위에 인용된 5-7절은 느헤미야의 참회 기도 시작 부분으로서, 에스라의 기도(스 9장)와 다니엘의 기도(단 9장)처럼 이곳에서도 기도의 첫 번째 요소는 "죄를 자백"하는 것이다. 느헤미야의 "참회"에는 느헤미야 자신뿐만 아니라 "이스라엘 자손"의 죄들이 포함되어 있었다(6절). 느헤미야의 참회 기도는 다니엘의 위대한 참회 기도에 비해 훨씬 짧긴 하지만, 내용에 있어서는 다니엘의 기도와 잘 어울린다. 『**우리가 주께 대하여 범죄한 이스라엘 자손의 죄들을 자백하는 것을 들으소서. 나와 내 아버지의 집이 모두 죄를 지었나이다. 우리가 주께 대하여 심히 타락하게 행하여 주께서 주의 종 모세에게 명하신 계명들과 규례들과 명령들을 지키지 아니하였나이다**』(6,7절). vs. 『**우리는 죄를 지었고 죄악을 행하였으며 사악하게 행하였고 반역하였으며 주의 법규들과 주의 명령들을 떠나기까지 하였고 또 우리는 주의 종 선지자들이 주의 이름으로 우리의 왕들과 우리의 통치자들과 우리 조상들과 그 땅의 모든 백성에게 말씀하신 것에 경청하지 않았나이다**』(단 9:5,6).

느헤미야는 이스라엘 민족의 "죄들"을 자백했다. 성경에서 "죄"라는 단어는 창세기 4:7에서 처음 나오는데, 최초의 살인자인 카인과 관련되어 있다. "죄인들"이란 단어는 창세기 13:13에서 처음으로 등장하며, 거기서의 죄인들은 "성도착자들"이었다. 그러나 사도 바울에게 계시되었듯이 『모든 불의가 죄』(요일 5:17)이기 때문에, 신약에서는 구약에서처럼 "죄인들"과 "의인들" 사이에 차별을 두지 않는다(요 9:24, 마 9:11, 눅 7:39). 오히려 『**의인은 없나니 없도다, 한 사람도 없도다.**』(롬 3:10)라고 선언하신다. 말하자면 이 땅에는 죄인들만 살고 있는 것이다. 『**모든 사람이 죄를 지었으므로**』(롬 3:23). 즉 이 땅에는 종교적인 죄인들, 상업적인 죄인들, 은밀한 죄인들, 세상이 다 아는 죄인들, 군대의 죄인들, 재능을 소유한 죄인들, 재능이 없는 죄인들, 의학계의 죄인들, 정치계의 죄인들, 남성 죄인들, 여성 죄인들, 지적인 죄인들, 무식한 죄인들, 흑인, 황인 및 백인 죄인들, 젊은이 죄인들, 중년 죄인들, 노년 죄인들, "경건한" 죄인들(눅 18:11)이 살고 있다.

『내가 주께 간구하오니 주께서 주의 종 모세에게 명하여 말씀하시기를 '만일 너희가 범죄하면 내가 너희를 민족들 가운데 흩어 버릴 것이요 만일 너희가 내게로 돌이켜 내 계명들을 지키고 그것들을 행하면 너희 가운데 하늘의 맨 끝까지 쫓겨난 자가 있다 할지라도 내가 그들을 거기서 불러 모아 내가 내 이름을 두려고 선정한 장소로 그들을 데려오리라.' 하신 그 말씀을 기억하소서. 이제 이들은 주께서 주의 위대하신 능력과 강한 손으로 구속하신 주의 종이요 주의 백성이니이다. 오 주여, 내가 주께 간구하오니 주의 종의 기도와 주의 이름을 두려워하기를 열망하는 주의 종들의 기도에 이제 귀기울이소서. 내가 주께 기도하오니 오늘 주의 종으로 형통하게 하시어 이 사람의 목전에서 종에게 자비를 베푸소서." 하였으니 이는 내가 왕의 잔 받쳐든 자였음이라』(1:8-11).

기도할 때 "자백"(6,7절) 다음에는 "간구"(8-11절)가 뒤따른다. 간구의 내용에는 "중재"가 발견된다. 느헤미야가 자신뿐만 아니라 자신의 백성을 위해 중재하고 있다. 느헤미야는 하나님께서 모세를 통해 주신 약속에 근거하여 기도하고 있다(8,9절). 이 약속은 신명기 28:64과 30:2-5에서 볼 수 있는데, 따라서 신명기는 그 모세가 기록한 것이 분명하며, 예수 그리스도께서도 신명기가 모세의 기록이라고 말씀하셨다(요 5:46). 느헤미야는 기도의 응답을 위해 하나님께 친히 하신 말씀을 기억해 주시라고 간구하고 있다. 모세 역시 하나님께서 이스라엘 백성을 지면에서 쓸어버리시는 것을 막기 위해 중재하면서 이와 동일한 간구를 드린다(출 32:13). 느헤미야의 경우 그는 하나님께서 하신 약속, 곧 모세가 신명기 30:1-5에 기록한 그 약속을 하나님께 상기시켜 드리고 있다. 이 점은 라반에게서 떠나 에서를 대면해야 했던 야곱도 마찬가지였다(창 32:9,10). 기도응답을 받는 비결 가운데 하나는 성경에 기록된 약속의 말씀을 근거로 해서 기도하는 것이다. 왜냐하면 하나님께서는 자신이 하신 약속을 지키지 않을 수 없으시기 때문이다. **『하나님은 사람이 아니시니 거짓말하지 않으시며 또 사람의 아들이 아니시니 후회가 없으시도다. 그분이 말씀하신 것을 행하지 않으시랴? 또한 이르신 것을 이루지 않으시랴?』**(민 23:19)

이제 느헤미야는 그에게 자비를 베풀어 달라고 하나님께 간구를 드린다. 왜냐하면 **『왕의 잔 받쳐든 자』**(11절)로서 전형적인 동양의 군주인 페르시아 왕을 알현해서 간청할(2장) 참이기 때문이다. **『내가 주께 기도하오니 오늘 주의 종으로 형통하게 하시어 이 사람의 목전에서 종에게 자비를 베푸소서』**(11절). 동양의 군주 면전에 있는 사람은 군주를 알현할 때 언제나 환한 미소를 머금고 있어야 했다. 그렇게 하지 않으면 "가장 높으신 분"의 기분을 우울하게 만드는 중죄를 범하는 것이 된다. 낙담해 있는 느헤미야는 자신의 슬픈 마음이 얼굴에 나타나게 될 것을 알고 있었던 것이다.

■ 새롭게 깨달았거나 적용할 내용이 있다면 적어 보세요. ■

예루살렘 성벽 재건을 허락받은 느헤미야(2장)

『아닥사스다왕 제이십년 니산월의 일이라. 포도주가 그의 앞에 있어 내가 그 포도주를 들어 왕에게 주었는데, 전에는 내가 그의 면전에서 슬퍼하지 아니하였으므로, 왕이 내게 말하기를 "네게 병이 없는 줄 아는데 어찌하여 네 용모가 슬프냐? 이것은 다름이 아니라 마음의 병이라." 하더라. 그러자 내가 심히 무서워하여 왕에게 말하기를 "왕께서는 영원히 사소서. 그 성읍, 즉 내 조상의 묘들이 있는 곳이 황폐하게 되고 그 성문들이 불에 탔으니 어찌 내 용모가 슬프지 아니하겠나이까?" 하니 왕이 내게 말하기를 "네가 무엇을 원하느냐?" 하기에 내가 하늘의 하나님께 기도하고 왕에게 말하기를 "왕께서 기뻐하시고 왕의 종이 왕의 목전에 은총을 입었다면 나를 유다, 즉 나의 조상의 묘들이 있는 성읍으로 보내시어 나로 그 성읍을 재건하게 하소서." 하니라』(2:1-5).

왕은 느헤미야의 용모가 평소 같지 않게 슬퍼 보이자 그 이유를 물었고, 느헤미야는 예루살렘의 처참한 상황 때문이라고 솔직히 고백했다. 원하는 것이 무엇이냐는 왕의 질문에 느헤미야가 예루살렘 성읍 재건을 허락받는 것이라고 하자, 왕은 흔쾌히 허락해 주었다. 『**왕이 내게 말하기를 (왕후도 왕의 곁에 앉아 있었는데) "네 여정이 얼마나 걸리겠느냐? 네가 언제 돌아오겠느냐?" 하며, 왕이 나를 보내기를 기뻐하기에 내가 왕에게 때를 정하여 주었더라**』(6절).

<u>느헤미야는 왕이 있는 자리에서 "즉석에서" 기도했다</u>. 『**왕이 내게 말하기를 "네가 무엇을 원하느냐?" 하기에 내가 하늘의 하나님께 기도하고 왕에게 말하기를**』(4,5절). 느헤미야는 3,4초 정도 아주 짧게 도움을 구하는 기도를 하고 곧바로 왕에게 이야기했다. 사실 이것은 매우 위험한 상황이었는데, 만일 느헤미야

가 잘못된 요구를 한다면 그의 목이 달아날 수도 있었기 때문이다. 실로 "하나님의 선한 손길"이 필요한 상황이었다(느 2:8,18).

그리스도인이라면 누구나 위험한 상황에 처할 때 즉석에서 기도를 할 수 있다. 바닷속으로 빠져 들어가던 베드로도 『**주여, 나를 구해 주소서.**』(마 14:30)라고 즉석에서 기도했다. 빌리 선데이는 주님과의 관계가 너무나 친밀한 나머지 그가 지금 주님께 말씀드리고 있는 것인지 사람들에게 이야기하고 있는 것인지 분간하기가 어려웠다고 한다. 밥 존스 시니어의 말에 의하면, 빌리 선데이는 집회가 있는 천막으로 함께 걸어갈 때 팔을 밥 존스의 어깨에 걸치고는 "주님, 이제 밥을 성령으로 채워 주십시오. 집회를 마칠 때까지 계속해서 회중들에게 온전한 진리를 설교할 수 있도록 밥 자네를 충만히 채워 주시라고 주님께 간구하게나. 될 수 있는 한 그는 진리를 말할 것입니다. 주님, 저는 그를 압니다. 그는 결코 주님께 실망을 안겨다 드리지 않을 것입니다. 주님, 그가 낙심하지 않도록 해 주십시오. 그를 붙들어 주소서. 밥, 주께서는 자네를 붙들어 주실 걸세. 자네도 그걸 잘 알지 않나. 주여 그를 복 주시옵소서. 밥 그들을 축복해 주게나. 그들에게는 축복이 필요하다네."라고 말했다고 한다.

럭크만 목사 역시 여러 지역을 다니면서 집회를 인도하는 가운데 어떤 질문을 받게 되면 5초 이내로 그 질문에 대한 성경 구절을 찾아 답해 주곤 했는데, 답할 준비가 되지 않았을 때는 "질문을 다시 해 주시겠습니까?"라고 요청한 다음 질문자가 질문을 다시 하는 동안 재빠르게 "4초간의 느헤미야 기도"를 드렸다고 한다. "하나님 저를 도와주십시오. 구절이 생각나게 해 주십시오. 주님께서는 그 구절이 어디에 있는지 아시나 저는 모릅니다. 주님께서 도와주시지 않는 한 아무 대답도 할 수 없습니다." 그리고 그 기도에 응답받지 않은 적은 한 번도 없었다고 한다.

"즉석 기도"에 응답을 받은 느헤미야는 왕의 칙서를 받아 성읍 재건에 필요한 재목을 얻었는데, 느헤미야는 그 일이 『**내게 임하신 하나님의 선하신 손을**

따라 왕이 내게 허락』한(8절, cf. 2:18) 것이라고 했다. 느헤미야는 왕의 칙서를 강 저편 총독들에게 전달했고, 왕의 군대 대장들과 기병들의 호위를 받았는데(9절), 이 소식을 들은 호론인 산발랏과 그 부하 암몬인 토비야는 근심에 빠지게 되었다(10절). 이 "팔레스타인인들"은 왕의 칙서를 들고 돌아다니는 한 "유대인"으로 인해 무기력한 존재가 되어 버렸는데, 이는 그들이 왕에게 어떠한 도움도 호소할 수 없게 되었기 때문이다. 느헤미야는 그렇게 예루살렘에 가서 3일을 지냈다(11절).

예루살렘에서 3일을 지낸 뒤, 느헤미야는 몇몇 경비병들을 데리고 폐허가 된 예루살렘의 상태를 점검하고 돌아왔고, 그 일을 아무에게도 말하지 않다가(12-16절) 나중에 자신의 임무를 말했다. 『**그후 내가 그들에게 말하기를 "우리가 처한 고난은 너희가 보고 있는 바라. 예루살렘이 황폐하게 되고 그 성문들이 불에 탔으니, 오라, 우리가 예루살렘 성벽을 재건하여 다시는 비난을 받지 말자." 하고 내게 선하셨던 나의 하나님의 손길을 그들에게 말하고 내게 한 왕의 말도 전하니 그들이 말하기를 "일어나서 건축하자." 하더라. 그리하여 그들이 이 선한 일을 위하여 힘을 내더라**』(17,18절). 느헤미야의 말을 들은 유대인들은 『**이 선한 일을 위하여 힘을 내**』었다(cf. 딛 2:14 『**선한 일에 열심을 내는 독특한 백성**』). 반면 "필리스티아인들"(호론인 산발랏과 그 부하 암몬인 토비야와 아라비아인 게셈)은 이 일을 왕에 대한 반역으로 몰고 갔는데(19절), 느헤미야는 그런 그들에게 『**하늘의 하나님께서 우리로 번영하게 하시리라. 그러므로 그분의 종들인 우리가 일어나 재건하리라. 그러나 너희는 예루살렘에서 아무런 분깃도 없고 권리도 없으며 기록도 없도다.**』(20절)라고 반박했다.

■ 새롭게 깨달았거나 적용할 내용이 있다면 적어 보세요. ■

예루살렘 성벽을 재건하는 유대인들(3장)

『그후 대제사장 엘리아십이 그의 형제 제사장들과 함께 일어나서 양문을 건축하였으며, 그들이 그것을 성결케 하여 그 문에 문짝들을 달고, 메아 망루에 이르기까지 성결케 하여 하나느엘 망루에까지 이르렀더라. 그 다음으로 여리코 사람들이 건축하고 그들 다음으로 이므리의 아들 삭쿨이 건축하였더라. 그러나 물고기문은 핫세나아의 자손들이 건축하였으며 거기에 들보를 얹고 문짝들과 자물쇠들과 빗장들을 달았더라』(3:1-3).

느헤미야 3장은 유대인들이 예루살렘 성벽을 재건하는 이야기로 채워져 있다. 그 가운데 흥미로운 것은 주의 일에 "협력하지 않는" 자들과 "열심히" 임하는 한 사람이 있었다는 점이다. **『그들 다음으로는 트코아인들이 개수하였으나 그들의 귀족들은 그들의 주의 일에 협력하지 아니하였더라』**(5절). **『그의 뒤로는 삽배의 아들 바룩이 다른 부분을 열심히 개수하였는데 성벽의 굽이에서부터 대제사장 엘리아십의 집 문까지 이르렀으며』**(20절). 어떤 일꾼 한 명이 그야말로 **『열심히』** 일했다. 신약으로 보자면, 그는 골로새서 3:17,23, 로마서 12:11의 말씀에 순종한 것이다. **『또 말에 있어서나 행실에 있어서나 무엇을 하든지 모든 것을 주 예수의 이름으로 하고 그를 통하여 하나님, 곧 아버지께 감사를 드리라... 무슨 일을 하든지 마음을 다하여 주께 하듯 하고 사람에게 하듯 하지 말라』**(골 3:17,23). **『일에는 게으르지 말고 영 안에서 열심을 내며 주를 섬기라』**(롬 12:11). 구약으로 보면, 삽배의 아들 바룩의 열심 있는 모습은 전도서 9:10의 말씀 속에서 찾아볼 수 있다. **『네 손이 찾은 할 일은 무엇이든 힘을 다하여 할지어다. 이는 네가 가는 음부에는 일도 없고 계획도 없고 지식도 없고**

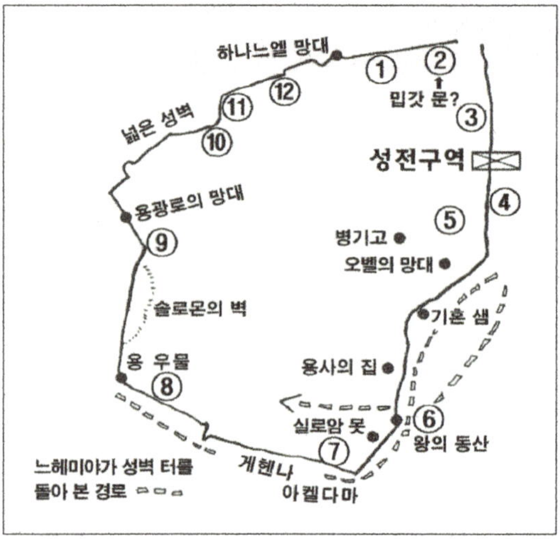

지혜도 없음이라』(전 9:10).

예루살렘을 둘러싸고 있는 성벽들을 통해 나 있는 문들은 총 12개이다. 1. 『**양문**』(3:1). 2. 『**감옥문**』(12:39). 3. 『**동문**』(3:29, 겔 46:1,2; 47:2). 4. 『**말문**』(3:28). 5. 『**물문**』(3:26). 6. 『**샘문**』(3:15). 7. 『**술문**』(왕하 11:6). 8. 『**똥문**』(3:14). 9. 『**골짜기문**』(3:13). 10. 『**에프라임문**』(8:16; 12:39). 11. 『**옛문**』(3:6). 12. 『**물고기문**』(3:3).
⊠ - 황금문(Golden Gate) / 동문(Eastern Gate)

29절의 『동문』은 그 앞 사온 동문 앞 사온 언덕 쪽에 모슬렘 공동묘지가 있기 때문에 이 묘지를 가로지르지 않고서는 아무도 그 안으로 들어갈 수가 없다. 이 동문은 십자군 전쟁 이래로(A.D. 1187) 시멘트로 봉해져 있으며 아무도 그 문을 통과하지 못했다. **그 동문을 통과하실 분이 계신데(겔 44:1-3), "닫혀 있는 문들"을 초자연적으로 통과하셨던(요 20:19) 분이기 때문에 현재 동문이 막혀 있다고 해서 문제될 것이 없다**. 예수님께서 그 문을 통과하실 때 흰색의 아라비아 순수 혈통의 종마를 타고 나타나셔서(계 19:11) 올리브산으로부터 키드론 시내를 건너시고(슥 14:4,5), 그 말을 타고 묘지를 통과하실 때 그 모슬렘 묘지를 고의적으로 짓밟으실 것이다.

■ 새롭게 깨달았거나 적용할 내용이 있다면 적어 보세요. ■

제1과
복습문제

1. 성경에는 위대한 참회 기도 네 가지가 나오는데, 다니엘 9장, 시편 51편, 에스라 9장, (   ) 1장이 그것이다.

2. 성경의 모든 참회 기도에서 보듯이 기도의 첫 번째 요소는 죄를 (   )하는 것이다.

3. 기도응답을 받는 비결 가운데 하나는 성경에 기록된 (   )의 말씀을 근거로 해서 기도하는 것이다. 왜냐하면 하나님께서는 자신이 하신 (   )을 지키지 않을 수 없으시기 때문이다. (   ) 안에 공통적으로 들어갈 말은 무엇인가?

4. 느헤미야는 왕이 있는 자리에서 (   )에서 기도했다.

5. 예루살렘을 둘러싸고 있는 성벽들을 통해 나 있는 문들은 총 (   )개이다.

■ 새롭게 깨달았거나 적용할 내용이 있다면 적어 보세요. ■

NOTES

제2과

대적들의 반대와 내부의 문제점들(4-6장)

『위대하시고 두려우신 주를 기억하여 너희 형제, 너희 자녀, 너희 아내와 너희 집을 위해 싸우라』(느 4:14).

공사를 방해하는 외부의 적들(4장)

『그러나 산발랏은 우리가 성벽을 건축한다는 것을 듣자, 화를 내고 크게 격분하며 유대인들을 조롱하더라. 그가 그의 형제들과 사마리아의 군대 앞에서 선언하여 말하기를 "이 유약한 유대인들이 무엇을 하는 것이냐? 그들이 힘을 보강하겠는가? 그들이 제사를 드리려는가? 그들이 하루 만에 끝장을 내려는가? 그들이 불타 버린 쓰레기더미에서 돌들을 일으키려는가?" 하더라. 그때 그 곁에 있던 암몬인 토비야가 말하기를 "그들이 건축하는 것 위에 여우 한 마리가 올라가도 그들의 돌 성벽을 부수어 내리리라." 하더라』(4:1-3).

산발랏은 유대인들이 성벽을 건축한다는 말을 듣자 유대인들을 조롱했다. 하나님의 뜻을 이루려고 하면 하나님의 대적들의 반대에 직면하는 법이다. 지도자의 지도력에 대한 진정한 시험은 위기에 직면했을 때 반대 세력에 어떻게 대응하느냐에 있는데, 느헤미야는 그러한 조롱 따위는 무시해 버리고 그 "조롱하는 자들"에 대한 처분을 하나님께 "기도"로 넘겨 드렸다. 하나님의 백성에게 있어서 기도는 영적 전쟁에 있어서 최후의 수단이 아닌 주요 무기여야 한다. **『오 우리 하나님이여, 들으소서, 우리가 멸시를 받았으니 그들의 욕을 그들의 머리 위로 돌이키사 그들이 사로잡혀간 땅에서 먹이가 되게 하시고 그들의 죄악을 덮지 마시며 그들의 죄를 주 앞에서 지우지 마소서. 이는 그들이 건축하는 자들 앞에서 주를 격노케 하였음이니이다』**(4,5절). 그리하여 유대인들은 일할 의사가 있었기에 성벽을 건축했고 모든 성벽이 연결되어 그 절반에 이르렀다(6절).

산발랏은 **『그들이... 쓰레기더미에서 돌들을 일으키려는가?』**(2절)라고 했는데, 유대인들은 실제로 그렇게 할 것이다. 그는 『**그들이 제사를 드리려는가?**』(2절)라고 했는데, 유대인들은 그렇게 할 것이다(겔 42-48장). 하나님께서는 약속된 신정왕국을 이스라엘 집과 유다 집(히 8:8-10)에 회복시키실 것이다. 야곱의 열두 아들들에게서 나온 유대인들로 구성된 이스라엘 민족은 장차 "유대인 왕"의 통치하에 전 세계를 통치할 것이다.

느헤미야는 대적들과 논쟁하지 않았다. 그들과 토론하기 위해 만나지도 않았다. 그들을 비난하지도 않았으며, 그들의 질문에 일일이 답변해 주지도 않았다. 오히려 그들에 대한 처분을 하나님께 맡기고(4,5절) 모든 성벽의 절반이 완성될 때까지 계속해서 공사를 진행해 나갔다(6절).

이에 산발랏의 무리는 예루살렘 성벽이 완성되고 파손된 부분이 그치기 시작하였다 함을 듣자 심히 분노하여 "예루살렘으로 가서 싸워 방해하자."며 음모를 꾸몄다(7,8절). 이 때문에 느헤미야는 하나님께 기도하고 밤낮 대적들에 대하여 파수꾼을 세웠다(9절). 이때 유다 지파 사람들은 『**짐을 지는 자들의 힘은 쇠잔한데 흙더미는 많으니 우리가 성벽을 건축하지 못하리라.**』(10절)라고 했는데, 이는 그들이 처리하고 있던 일의 양에 비해 노동력이 적절하지 않은데다가, "초과 근무"나 "2교대 근무"로 일하고 있었기 때문이다. 목재를 자르고 들어 올리는 일, 돌을 부수고 나르는 일, 들보와 돌을 들어 올려 임시로 만든 사다리와 경사판 위로 나르는 일은 결코 쉬운 일이 아니었다. 유대인들의 대적들은 『**그들이 알지도 못하고 보지도 못하게 우리가 그들 가운데로 들어가서 그들을 죽이고 공사를 중단하게 하자.**』(11절)라며 작업하고 있는 유대인들을 살해할 계획을 세웠는데, 성읍 외곽에 있는 지방의 유대인들은 느헤미야에게 열 번이나 와서, "팔레스타인인들"이 일꾼들을 공격할 계획을 세웠다고 말해주었다(12절). 유대인들이 오후 6시에 일을 마치고 집으로 갈 때 그들을 죽일 계획이었던 것이다(『**너희가 우리에게로 돌아올 모든 곳으로부터 그들이 너희에게 임하리라.**』 - 12절).

『그러므로 내가 성벽 뒤 낮은 곳과 높은 곳에 배치하되, 그들의 족속을 따라 칼과 창과 활 가진 사람들을 배치하고 돌아본 후 일어나서 귀족들과 치리자들과 백성의 남은 자들에게 말하기를 "너희는 그들을 무서워 말고 위대하시고 두려우신 주를 기억하여 너희 형제, 너희 자녀, 너희 아내와 너희 집을 위해 싸우라." 하였더라. 그 사실이 우리에게 알려졌다는 것을 우리 원수들이 들은 후 하나님께서 그들의 계략을 무산시키셨으므로 우리 모두는 성벽으로 돌아가 각자 자기 일을 하였더라』(4:13-15).

느헤미야는 적의 음모가 있다는 보고를 믿고 이에 맞설 채비를 하게 된다. 일꾼들이 무장을 하고, 느헤미야는 유대인들에게 그들을 무서워 말라고 말하고 있는데, 그 이유는 다음과 같다. 『**위대하시고 두려우신 주를 기억하여 너희 형제, 너희 자녀, 너희 아내와 너희 집을 위해 싸우라**』(14절). 이에 유대인들은 각자가 무기를 지닌 채 건축에 임했다(16-18절). 공사가 방대하여 성벽 위에서 서로 떨어져 일할 수밖에 없는 관계로 어디서든 나팔 소리를 듣는다면 거기로 모여서 느헤미야에게로 가기로 군대 집결 신호를 정했다(19,20절). 그리하여 유대인들은 일하였고, 그들 가운데 절반은 동틀 때부터 별이 보일 때까지 창을 지녔다(21절). 느헤미야는 매복 공격(12절)을 막기 위해, "낮에 일하는 일꾼들"이 예루살렘 안에서 밤새 유숙하게 했다(22절). 이로 인해 그들은 "해 질 무렵"에도 집으로 돌아가지 않았을 것이다. 유대인들은 밤에는 파수를 보고 낮에는 일하였는데, 몸을 씻기 위해 옷을 벗을 때를 제외하고는 아무도 옷을 벗지 않았다(22,23절). 즉 잠을 잘 때에도 옷을 입고 자야 했던 것이다. 그들은 활과 방패, 칼, 화살(16절)을 그들이 잠자는 침상 바로 옆에 두고 잤던 것이다.

느헤미야는 하나님께서 자신들을 위하여 싸우실 것을 믿었는데(20절), 하나님께서는 출애굽기 14:14, 사무엘상 25:28, 역대기하 20:17,29, 여호수아 10:42, 신명기 3:22, 역대기하 32:8에서 싸우셨던 것처럼 미래에도 스카랴 14:3에서 싸우실 것이다. **『보라, 주의 날이 오나니, 네 약탈물이 네 가운데서 나뉘리라. 내가 모든 민족들을 모아 예루살렘을 대적하여 싸우게 하리라. 성읍은 함락되고 집들은 강탈당하며 여자들이 욕을 당하고, 성읍의 절반이 사로잡혀갈 것이나, 백성의 나머지는 성읍에서 끊어지지 아니하리라. 그때에 주께서 나가 그 민족들을 대적하여 싸우시리니, 전쟁의 날에 싸우셨을 때처럼 하시리라』** (슥 14:1-3).

공사를 방해하는 내부의 문제들(5장)

『그때 백성과 그들의 아내들이 그들의 형제 유대인들에 대하여 크게 울부짖었으니, 어떤 이들은 "우리와 우리의 아들들과 딸들이 많으므로 우리가 그들을 위하여 곡식을 얻어 먹고 살아야겠노라." 하고, 또 어떤 이들은 "기근으로 인하여 우리가 곡식을 사기 위해 우리의 땅과 포도원과 집을 저당 잡혔노라." 하며 또 어떤 이들은 "우리가 왕의 세금을 위하여 우리의 땅과 포도원을 잡혀서 돈을 빌렸노라. 우리의 육신이 우리 형제의 육신과 같고, 우리 자녀가 그들의 자녀와 같은데, 보라, 우리가 우리 아들들과 딸들을 종이 되도록 노예로 팔았고 우리 딸들 중 얼마는 이미 노예가 되었으나 그들을 속량할 능력이 우리에게 없으니, 이는 다른 사람들이 우리의 땅과 포도원을 가지고 있음이라." 하더라』(5:1-5).

지금 이 시점까지 느헤미야가 영적 지도자로서 겪은 도전은 주로 유다 밖에 있는 사람들에게 집중되었다. 하지만 성벽이 최종적으로 재건되기 전에, 느헤미야는 거의 모든 영적 지도자들이 언젠가는 반드시 직면해야 하는 가장 어렵고 가장 강렬한 문제에 직면해야 했다. 즉 그것은 "내부의 문제"였다.

성벽 공사가 진행되고 있을 때 유대인들 "내부"에서 문제가 발생한다. 어떤 가족들은 가난에 너무 찌들어서 살아남기 위해 도둑질을 해야 했다(2절, cf. 잠 6:30,31). 당시 이스라엘 사람들은 적들에게 완전히 둘러싸여 있었는데, 이는 아주 냉혹한 현실이었다. 유대인들은 외부의 도움으로부터 차단되었고, 그저 "목숨만 연명해" 나가고 있었던 것이다. 그때 유대인들이 불평했던 것은 곡식을 얻기 위해 자기 재산을 저당을 잡혀야 했던 현실이었다. 그 와중에 페르시아 왕에게 세금을 바치기 위해서도 저당을 잡혀야 했다. 이로 인해 그들의 땅과 포도원이 위태로워졌던 것이다. 마지막으로, 유대인들은 출애굽기 21:2; 22:25(특히 레 25:39-44)을 위반하여 동료 유대인들에게 노예로 팔린 현실에 대해 불평했다. 그들은 가난한 유대인들을 부유한 유대인들에게 "팔았을" 뿐만 아니라(노예 매매), 이방의 적들에게까지 경매를 붙였던 것이다(『**너희 형제를 팔고자 하느냐? 아니면 그들로 우리에게 팔리도록 하겠느냐?**』 - 8절).

이에 느헤미야는 큰 집회를 열어 그들이 하나님을 두려워함으로 행할 것을 촉구하며 고리대금업을 중지하고 저당잡은 것을 돌려줄 것을 명령했고(8-11절), 백성들은 긍정적으로 반응했다(12,13절).

느헤미야는 백성들을 설득하는 과정에서 『**나와 내 형제와 내 부하들도 마찬가지로 그들에게서 돈과 곡식을 거두어들일 수도 있도다.**』(10절)라고 했는데, 이는 느헤미야에게도 그들이 자행하고 있던 일을 행할 수 있는 능력이 있었기 때문이다. 훗날 바울이 그랬던 것처럼, 느헤미야는 자신이 이끄는 사람들에게 좋은 모범을 보이기 위해 자신이 마땅히 해야 할 일을 포기했다(고전 9:1-18, 살후 3:8). 말하자면 느헤미야는 지역 사회의 "유지"였음에도 불구하고 유대인들에게 세금을 부과하거나(10절) 그들을 이용하여 이득을 취하는 일을 삼갔다(18절). 『**날마다 나를 위하여 마련된 상에는 수소 하나와 좋은 양 여섯과 또 나를 위하여 날짐승들도 마련되었고 열흘에 한 번은 모든 종류의 포도주가 갖추어졌더라. 이 모든 것에도 내가 총독의 빵을 요구하지 아니하였으니 이는 이 백성에게 지우는 속박이 무거웠음이더라**』(18절).

땅과 집, 포도원은 원래의 소유주에게 회복되었고(11절), "자릿세"(『**돈...의 백분의 일**』, 11절)를 받는 일도 중지되었다. 그러고 나서 느헤미야는 제사장들로 하여금 그들이 이러한 약속들을 주의 깊게 이행할 수 있도록 하나님의 이름으로 맹세케 했다(12절). 회중은 느헤미야의 판결(13절)에 "아멘"으로 화답한 뒤, 그들이 하겠다고 했던 약속을 이행했다. 『**그러나 너희는 말씀을 행하는 자가 되고, 단순히 듣기만 하는 자가 되어 자기 자신을 속이지 말라. 누구든지 말씀을 듣기만 하는 자가 되고 행하는 자가 되지 아니하면, 그는 거울로 자기의 타고난 얼굴을 보는 사람과 같으니, 이는 그가 자기를 보고는 가서 즉시 자기가 어떻게 생겼는지를 잊어버림이라**』(약 1:22-24).

> 『또 내가 유다 땅에 그들의 총독으로 임명을 받은 때로부터, 즉 아닥세르세스왕 제이십년부터 삼십이년까지 십이 년 동안 나와 나의 형제들이 총독의 빵을 먹지 아니하였더라. 그러나 내 앞서 있던 이전 총독들은 백성에게 토색하여 은 사십 세겔 외에도 양식과 포도주를 착취하고 그의 부하들까지도 백성들을 압제하였으나 내가 하나님을 두려워함으로 인하여 그렇게 행하지 아니하였더라』(14,15절).

느헤미야는 자신의 지위를 이용하여 "아무렇지도 않게 행할 수도 있었던" 일을 삼갔다. 그들을 이용해서 이득을 취할 수도 있었지만 그렇게 하지 않았다. 바울처럼 "자기 아래" 있던 사람들을 위해(고후 11:5-9) 합법적인 보수도 마다했던 것이다(고전 9:4-6; 9:16-19). 그는 수확물에 대한 총독의 "몫"을 요구할 수도 있었지만 그렇게 하지 않았다(15절). **느헤미야가 자신의 백성을 이용하여 이득을 취하지 않았던 이유는 너무나 분명했다. 그는 하나님을 두려워하는 사람이었던 것이다(15절, cf. 5:9)**. 현대 그리스도인들이 모르는 것이 있다. 하나님을 두려워하는 사람은 사람들을 두려워하지 않는다. 이에 반해 사람들을 두려워하는 사람은 결코 하나님을 두려워하지 않는다. 『**사람을 두려워하면 덫에 걸리나**』(잠 29:25). 사람을 두려워하면, "하늘 아래서 인간에게 주신"(행 4:12) 구원의 유일한 수단인 예수 그리스도를 거부하게 된다.

느헤미야는 심지어 자신의 개인적인 부하들까지 공사에 투입시켰다. 그들은 그 일에서 면제될 수 있었지만 그렇게 하지 않았던 것이다(16절). 그 외에도 느헤미야는 특별한 몫("총독의 빵," 14절)을 요청하기는커녕, 오히려 150명의 다른 정부 관료들과 함께 자신의 몫을 나누었다(17,18절). 느헤미야는 이 일로 인해 자신이 하나님께 기억되기를 바랐다. 『**나의 하나님이여, 내가 이 백성을 위하여 행한 모든 것을 따라 선한 것으로 나를 생각하소서**』(19절). 느헤미야는 자신이 한 일에 대해 하나님께 보상을 달라고 간구했다. 하나님께서는 그분을 최우선에 두는 사람들에게 복을 주시겠다고 약속하셨기 때문이다(신 28:1-14, cf. 마 6:33, 막 10:29,30).

느헤미야를 두렵게 하는 대적들(6장)

『산발랏과 도비야와 아라비아인 게셈과 우리의 원수들 중 남은 자들이, 내가 성벽을 건축한 것과 그곳에 파손된 부분이 남아 있지 않다는 것을 듣고서 (그때까지 성문들에 문짝을 달지는 아니하였으나,) 산발랏과 게셈이 내게 보내어 말하기를 "오라, 우리가 오노 평지에

있는 마을들 중 하나에서 만나자." 하더라. 그러나 그들은 나를 해치려 생각함이었더라. 이에 내가 그들에게 사자들을 보내어 말하기를 "내가 지금 큰 공사를 하고 있으므로 내려갈 수 없노라. 어찌하여 내가 일을 떠나 너희에게 내려가 공사를 중단시키겠느냐?" 하였더라. 그들이 그와 같이 네 번이나 내게 보내었으나 내가 그들에게 같은 방법으로 대답하였더라』(6:1-4).

대적들이 느헤미야에게 사람을 보내어 함께 만나자고 한 것은 그를 해치려는 의도에서였다. 그들이 느헤미야에게 다섯 번째로 부하를 보냈을 때는 그에게 다음과 같은 내용의 편지를 보냈다. 『**이방 가운데 알려졌고 가스무도 말하는 바는 너와 유대인들이 모반을 생각한다는 것인데 네가 성벽을 건축하는 까닭은 그 말대로 네가 그들의 왕이 되려는 것이라. 또 네가 선지자들을 임명하여 예루살렘에서 너에 관하여 전파하여 말하기를 '유다에 왕이 있다.' 하였으니 이제 그 소문이 그 말대로 왕에게 전해질 것이라. 그러므로 이제 오라, 우리가 함께 의논하자**』(6,7절). 대적들은 "풍문"을 근거로 느헤미야를 겁주려고 한다. "느헤미야가 왕이 되었다."라는 소문이 왕에게 전달될 것이라는 것이다. 지역 교회 안에도 그런 소문이 돌기 마련이다. "그 목사는 이 교회가 자기 거라고 생각한다니까." "있잖아, 그는 말이지, 집사위원회를 자기 자신의 숭배자들로 채워서 교회 일들을 운영해 나간다니까!"

대적들은 느헤미야가 "팔레스타인 국가"를 세워 느헤미야 자신이 페르시아 왕과는 독립된 왕(6절)으로 통치하며 정상에 앉을 것이라고 고소하고 있다. 산발랏은 느헤미야를 밀고하려고 한다(7절, 『**이제 그 소문이... 왕에게 전해질 것이라**』). 산발랏이 왕에게 고소하는 "밀고자"로서의 역할을 하겠다고 위협할 때, 느헤미야는 그런 그를 향해 일을 꾸며 내는 거짓말쟁이라고 부르고 있다(8절).

이처럼 사람을 두려워하게 만들려는 시도(『**이는 그들 모두가 우리로 두렵게 하여**』, 9절) 앞에 느헤미야는 다음과 같이 반응했다. 『**오 하나님이여, 내 손을 힘있게 하소서**』(9절).

『그후에 내가 두문불출하는 므헤타브엘의 손자, 들라야의 아들 스마야의 집에 가니 그가 말하기를 "우리가 하나님의 전에서, 즉 성전 안에서 만나 성전의 문을 닫자. 그들이 너를 죽이러 오리니 실로 그들이 밤에 너를 죽이러 오리라." 하니, 내가 말하기를 "나 같은 자가 도망하겠느냐? 나 같은 자로서 누가 자기 생명을 구하고자 성전으로 들어가겠느냐? 내가 들어가지 아니하리라." 하였더라. 보라, 나는 하나님께서 그를 보내신 것이 아니라는 것과 그가 나를 대적하여 이 예언을 발표하였음을 알았노니 이는 토비야와 산발랏이 전에 그를 매수하였음이라』(6:10-12).

스마야는 느헤미야의 대적들에게 매수되었는데, 이는 느헤미야로 하여금 무서워하게 하여 죄를 짓게 하기 위함이다. 『**그러므로 그가 매수되었으니 이는 나로 무서워하게 하고 그렇게 행하여 죄를 짓게 하여 그들이 악한 소문을 위한 일을 만들어 나를 비난하고자 함이더라**』(13절). 스마야는 제사장이면서도(느 12:6,18,34,35) 산발랏과 그의 "팔레스타인인들"에게 뇌물로 매수되었던 것이다. 매수된 스마야가 느헤미야의 신변 안전을 위해 제시한 장소는 "성전"이었다. 스마야는 자신이 하나님께로부터 예언을 받았다고 주장하면서(느 6:12), 느헤미야에게 암살자들이 그를 쫓고 있다고 생각하도록 겁을 주어 성전 안에서 피신처를 찾게 하려고 했다. 모세의 율법에 따르면 주님의 기름부음을 받은 종들 외에는 아무도 성전에 들어가는 것 금지되었다(민 1:51; 3:10; 18:7). 스마야의 거짓 예언에 느헤미야는 담대하게 다음과 같이 대답한다. 『**내가 들어가지 아니하리라**』(11절). 『**악인들은 쫓는 자가 없어도 도망치나, 의**

로운 자들은 사자처럼 담대하니라』(잠 28:1). 느헤미야의 적들의 동기는 유대인들에게 그들의 지도자가 율법에 대해서 진정한 관심이 없고 개인적인 이유로 성벽을 재건하고 있다는 점을 보여 주는 것이었다(느 6:13). 이러한 상황에 느헤미야는 다시 한번 기도에 의지한다. 『**나의 하나님이여, 주께서는 나를 두려움에 처하게 하려 한 토비야와 산발랏과 여선지자 노아댜와 선지자들의 남은 자들을 그들의 이러한 행위들에 따라 생각하소서**』(14절, cf. 삼상 24:15).

마침내 성벽은 약 52일 만에 완공되었다(15절). 유대인들의 원수들은 『**이 공사가 우리 하나님에 의해 이루어진 것**』을 인정해야 했기에 심히 낮추어졌다(16절).

『또 그 당시에 유다의 귀족들이 많은 편지를 토비야에게 보냈고 토비야의 편지들도 그들에게 왔는데 유다에 그에게 서원한 자들이 많았으니 이는 그가 아라의 아들 스카냐의 사위였으며 토비야의 아들 요하난도 베레키야의 아들 므술람의 딸을 취하였기 때문이더라. 또 그들이 토비야의 선행을 내 앞에서 보고하고 또 나의 말도 그에게 전하였으며 토비야가 나를 두렵게 하려고 편지들을 보냈더라』(6:17-19).

성벽이 완공되었지만 고민거리는 여전했다. "팔레스타인인들"은 계속해서 느헤미야를 두렵게 하려고 서신을 띄우고 있었다(19절). 하나님을 두려워하기보다는 사람을 두려워하게 만들려는 것이다. 당시 유다의 귀족들과 토비야 사이에는 많은 편지가 오갈 정도로 친분이 있었다(17절). 게다가 이방인 토비야는 유대인 스카냐의 사위였고, 토비야의 아들 요하난도 유대인 므술람의 딸과 혼인함으로써 이들은 "혈연관계"를 맺고 있었다. 그러다 보니 그들 유대인들은 "이방인 토비야의 선행"을 느헤미야에게 보고하기도 했고, 느헤미야의 말을 토비야에게 전달하기도 했다. **토비야는 유대인들과의 혈연관계를 이용해서 편지들을 보내 느헤미야를 두렵게 하려고 했다**. 그 유대인들은 하나님보다 자신의 가족을 우선시했기에 하나님을 대적하는 위치에 있게 된 것이다. 『**누구든지 자기 아버지나 어머니나, 아내나 자식이나 형제나 자매나, 정녕, 자기 목숨까지도 미워하지 않은 채 내게로 오면 그는 나의 제자가 될 수 없느니라**』(눅 14:26).

■ 새롭게 깨달았거나 적용할 내용이 있다면 적어 보세요. ■

제2과
복습문제

1. 느헤미야는 대적들의 조롱 따위는 무시해 버리고 그 조롱하는 자들에 대한 처분을 (   )께 넘겨드렸다.

2. 느헤미야가 자신의 백성을 이용하여 이득을 취하지 않았던 이유는 그가 하나님을 (   )하는 사람이었기 때문이다.

3. 제사장 (   )는 대적들에게 매수되어 느헤미야에게 (   )에 피해 있으라고 했다.

4. 예루살렘 성벽은 (   )일만에 완공되었다.

5. 토비야는 유대인들과의 (   ) 관계를 이용해서 편지들을 보내 느헤미야를 두렵게 하려고 했다

■ 새롭게 깨달았거나 적용할 내용이 있다면 적어 보세요. ■

NOTES

제3과

예루살렘 성벽을 재건하고 장막절을 지킴(7-8장)

『**주**께서 모세를 통하여 명령하신 것이 율법에 기록되어 있는 것을 그들이 발견하였으니 이는 이스라엘 자손이 일곱째 달의 명절에 초막에 거해야 한다는 것이요』 (느 8:14).

예루살렘 성벽이 재건됨(7장)

1. 예루살렘 관리를 맡기는 총독 느헤미야(7:1-4)

『성벽이 건축되고 내가 문짝들을 단 후, 문지기들과 노래하는 자들과 레위인들이 지명되었고, 내가 내 형제 하나니와 궁의 관리자 하나냐로 예루살렘을 다스리게 하였으니 이는 그가 신실한 사람이요, 많은 사람들보다 하나님을 더욱 두려워하였음이더라. 내가 그들에게 말하기를 "해가 뜨거워지기 전에는 예루살렘 성문들을 열지 말고 사람들이 지키는 동안은 문들을 닫고 빗장을 지르며 예루살렘 거민들 중에서 파수꾼들을 임명하되, 각자에게 그의 시간을 정해 주고 또 각자 자기 집 맞은편을 지키게 하라." 하였는데 그때 성읍은 넓고 크나 그 안에 백성들은 적고 집들은 지어지지 아니하였더라』(7:1-4).

느헤미야 7장의 시점은 느헤미야 6:15에서 여섯째 달(엘룰월) 25일에 예루살렘 성벽 건축이 완료된 후이다. 여전히 예루살렘의 인구는 적었고(느 7:4), 건축을 방해하던 팔레스타인인들의 군대는 성읍 밖에 있다. 느헤미야는 일몰시간에 무장한 파수꾼들을 세웠고(4:19-23) 일출이 되면 예루살렘 거민들 가운데서 각자 정해진 시간에 교대했고, 또 거민들은 낮 중에 각기 자기 집 맞은편을 지켰다(3절). 보통은 일출 때에 정확히 열려야 하는 성문은 일출 후 적어도 한 두 시간은 기다려야 한다는 명령을 듣는다.

이러한 삼엄함 속에 느헤미야는 자신이 다스리던 일을 신실하고 하나님을 두려워하는 "궁의 관리자 하나냐"와 느헤미야의 손아래 형제인 하나니에게 예루살렘의 관리를 맡긴다. 느헤미야를 총독으로 보낸 페르시아의 왕에게 보고하러 다녀와야 하는 계획이 있었기 때문이다(13:6,7). 다스리는 일은 공의롭고 하나님을 두려워하고 신실한 사람이 맡아야 한다(삼하 23:3, 히 3:2).

2. 느헤미야가 찾은 명부(7:5-62)

『나의 하나님께서 내 마음속에 *생각을* 넣어 주사 귀족들과 지도자들과 백성들을 함께 모아 그들을 계보대로 계수하게 하시기에 내가 처음에 올라온 자들의 계보의 명부를 찾았고 거기에 기록된 것을 찾았노라』(7:5).

『나의 하나님께서 내 마음속에 생각을 넣어 주사』(5절) 하나님께서는 마음속에 생각을 넣어주실 수 있다. **하나님의 사역자들은 위로부터 실제적인 인도하심을 받아야한다(약 3:17).** 느헤미야의 경우는 예루살렘에 귀환한 사람들을 계보대로 계수하라는 지혜를 받았고, 명부의 기록을 찾았다.

이 명부(7:7-62)는 에스라 2장의 명부와 비슷해 보이나, 같지 않은 명부이다. 에스라 2장의 명부는 페르시아를 떠나기 전 그곳에서 여행하겠다고 등록했던 명단인데, 느헤미야에 의해 새롭게 명부가 작성될 때는 변동이 있다.

1) 귀환 여행을 온전히 마치지 못하거나 도중에 태어난 사람들로 인한 변동이 있다. 이들의 숫자가 정리되어야 한다.

2) 에스라 2:1에서는 **『그들은 사로잡혀갔던 자들이며 바벨론 왕 느부갓넷살이 바벨론으로 끌고 갔었던 자들로서』**(스 2:1)라고 말씀했기 때문에, 느헤미야는 느부갓넷살에 의해 끌려가지 않은, 바벨론에서 태어난 유대인들의 숫자를 더 포함시킬 수 있다.

3) 또 에스라 7:7에서 에스라와 함께 올라온 유대인들의 두 번째 파견대의 숫자를 느헤미야가 명단에 포함시킬 수 있다.

4) 모든 귀환 도중에 처음 참여 명단보다 더 많은 사람들이 참여했는데, 특히 제사장의 부류(스 2:36-39, 느 12:12-27 비교)가 더 추가되었음을 알 수 있다.

성경에 등장하는 "길고 따분하며 지루한 부분"이라 불리는 여러 곳 중에 한 곳이 느헤미야 7장이다. 하지만 하나님께서는 이 부분을 성경의 한 부분으로 인정하셨기 때문에, 통독을 할 때에 건너뛰어서는 안 된다. 이런 지루한 부분들이 성경에 등장하는 이유는 성경의 저자이신 하나님은 "인생의 저자"이시기도 하시기 때문이다. 인생은 사실 단조롭고 지루하고 따분한 반복이 대부분을 차지한다. 따분하게 반복되는 인생에서 사람들은 정신적 에너지와 여유를 얻는다. 거기서 얻은 힘으로 유흥과 일탈과 범죄에 쓰지 않고, 하나님을 찾고 그분의 아들을 깊이 생각하는데 쓰라. "하늘에선 달이 내려다보고 내 등에는 작은 식량 꾸러미, 발밑의 사막은 끝없이 이어지는데 어머니가 어린 동생들에게 하시는 약속, '조금만 더, 조금만 더 힘을 내어 걸어가면 예루살렘에 닿을 수 있단다.' 흔들림 없는 달빛 아래 우리는 식량 꾸러미를 잃어버렸네... 밤이면 시퍼런 칼을 들고 달려드는 강도들. 사막 한가운데 흐르는 어머니의 피. 달을 증인 삼아 나는 어린 동생들에게 약속하네, '조금만 더, 조금만 더 가면 꿈이 이루어진단다. 곧 이스라엘 땅에 도착할 수 있단다.' ...달 속에서 어머니의 형상이 나를 바라보네. 어머니, 사라지지 마세요! 어머니가 내 곁에 계신다면 그들을 설득해 주실 수 있을 텐데 나는 유대인이라고." (에디오피아 유대인의 "여행의 노래" 중)

오늘날 이스라엘에는 "베타 이스라엘"이라고 불리는 에디오피아 땅에서 돌아온 유대인들이 있다. 이들의 DNA적 혈통은 거의 "흑인"이지만, 오랜 옛날부터(그들의 주장대로라면 솔로몬을 찾아왔던 시바 여왕의 때로부터)

할례를 받고 율법을 준수해 오던 민족이다. 그들은 그들만의 정착촌에 따로 떨어져 살았으나, 1948년 5월 이스라엘이 그들의 땅에 독립한 이후 1977년부터 이스라엘 정보기관과 군 병력에 의해서 귀환이 이루어졌다. 이들의 복귀 과정만 생각해 보더라도, 어떤 소녀들은 노예로 팔리고, 강도들에 의해서 살해당하고, 밀수업자들로 오해받아 총에 맞기도 했다. 긴 여행 중에 처음 여행을 시작한 이들의 숫자가 바뀌는 것은 언제나 있는 일이다. 이스라엘에서 "날 수 있는 것은 전부" 에디오피아로 보냈던 "솔로몬 작전"에서는 34시간 사이에 14,400명의 유대인들이 이송되었는데 비행기에서 출산한 사람도 있었다. 에스라와 느헤미야의 명단 숫자가 맞지 않는 것은 문제되지 않는다.

3. 명부에서 발견되지 않은 제사장 자손들에 대한 조치(7:63-65)

『제사장들 중에는 하바야 자손과 코스 자손과 바실래 자손이니, 바실래는 길르앗인 바실래의 딸들 중 하나를 아내로 취하여 그들의 이름을 따라 불렸더라. 이들이 계보에 기록된 자들 가운데서 그들의 명부를 찾았으나 발견하지 못하였으므로 그들이 부정하게 여겨져 제사장 직분을 수행하지 못하게 되고 틸사다가 그들에게 말하기를 "우림과 툼밈을 가진 제사장이 일어서기 전에는 그들이 지극히 거룩한 것들을 먹어서는 안 되느니라." 하더라』(7:63-65).

틸사다(65절)는 느헤미야 자신인데, 페르시아어에서 유래한 직책명이다(느 8:9, 『**틸사다인 느헤미야**』 참고). 느헤미야는 허술하게 일을 처리하지 않았다. 『**우림과 툼밈**』을 통해서 초자연적인 방법으로 명부에 발견되지 않은 제사장 자손들에 대해서 하나님께 묻기 원했다. 한국 군대에 이런 격언이 있다. "하면 안 될 것 같은 일은 안하면 되고, 해야 될 것 같은 일은 하면 된다." 느헤미야는 확신이 없는 일에 대해서 신중한 모습을 보여주었다.

『**우림과 둠밈**』은 대제사장이 입는 흉배 안에 넣어 가슴에 지니고 다니는 돌들인데, 구약에서는 이 돌들을 통해서 하나님의 뜻을 물었다.

4. 남은 자의 총계와 예물, 일곱째 달(7:66-73)

73절에서 성벽이 완공된 뒤 『**일곱째 달**』에 접어들게 된다. 이때는 장막절이 있는 달이다. 솔로몬 성전은 『**일곱째 달**』에 언약궤가 들어갔으며(왕상 8:1-6), 『**일곱째 달**』에 그 몸이 성전이셨던 예수 그리스도께서 나셨으며(요 1:14, 눅 3:23), 『**일곱째 달**』은 예수 그리스도의 재림과 연관이 깊다(행 15:16, 마 17:1-5). 8장은 일곱째 달의 명절부터 시작한다.

장막절을 지킴(8장)

1. 성벽 완공 후 장막절에 있었던 예배(8:1-7)

『온 백성이 물문 앞에 있는 거리로 한 사람처럼 모여, 서기관 에스라에게 **주**께서 전에 이스라엘에게 명하신 모세의 율법책을 가져오기를 청하니... 물문 앞에 있는 거리에서 아침부터 정오까지 남자와 여자와 알아들을 수 있는 자들 앞에서 읽으니 모든 백성의 귀가 율법책을 경청하더라』(8:1,3).

2절에 『**일곱째 달 일일**』은 7월 1일이 아닌, 장막절 첫날을 말한다. 그 이유는 8장에서 『**둘째 날**』(8:13), 『**팔 일째**』(8:18)라는 순서적인 언급을 보건데, 8장 전체가 장막절 기간에 있었던 일을 중심으로 설명하고 있음을 알게 한다(레 23:34-36).

장막절의 첫째 날에는 거룩한 모임이 있는데, 1절처럼 거룩한 모임이 있게 된다(레 23:35). 하나님 앞에 모여서 드려지는 예배 의식의 개요가 단락에 나타나 있다. 4절에서는 예배를 위해 『**특별히 만들어진**』 단상(a pulit)이란 묘사를 하고 있는데 영어로는 성경 전체에서 단 한 번, 본문에서 사용된다. 한글로는 솔로몬 성전 봉헌식 때에 솔로몬이 올라가서 기도했던 『**놋 단상**』(a brasen scaffold)이 있는데(대하 6:13), 둘 다 연설을 위한 연단이다. 단상에 서는 사람의 위치는 모든 청중들보다 위이다.

예배 시간은 3절에 나온 대로 『**아침부터 정오까지**』, 곧 오전 6시부터 12시까지 지속되었다. 그리고 **항상 "하나님의 책"이 예배의 중심에 있다(1,2,5절)**. 예배의 장소 역시도 "물문" 앞이었는데(1절) 이 "물"은 『**말씀에 의한 물**』(엡 5:26)을 의미한다. 예배에 모이는 이유는 말씀으로 정결케 하기 위해 모이는 것이다. 예배의 순서는 6절에 나온 대로 에스라가 "송축"으로 기도를 드린다. 그 후에 모든 백성이 함께 기도에 응답한 후, 얼굴을 땅에 대고 주께 경배하는 "찬양"을 드린다. 다시 일어서 있는 회중에게 13명의 사람들과 레위인들이 백성들로 율법을 깨닫게 했는데(7절), 이는 청중들을 위해 통역을 한 것이다.

2. 말씀이 올바로 선포된 자리에서 일어나는 역사(8:8-12)

> 『그렇게 그들이 하나님의 율법책을 명확히 낭독하고 그 의미를 알려 주어 백성들로 낭독한 것을 깨닫게 하였더라』(8:8).

8절에서 "낭독"은 세 단계로 이루어짐을 알 수 있다. 첫째, 하나님의 말씀을 기록된 그대로 읽는다. 읽을 때는 천천히 또 『**명확히**』 읽는다. 둘째, 읽은 본문의 『**의미를 알려 주어**』야 한다(성경 해석학의 주해). 본문 자체가 가진 의미를 알려 주는 것이다. 마지막은 회중에게 『**낭독한 것을 깨닫게**』 한다. 이는 "적용"에 해당한다. 여기에 예화, 설교, 권고가 수반된다. 설교에서도 "적용"이 중요한데, 찰스 스펄전은 설교에 대해서 "'적용'이 시작되는 시점부터가 설교이다."라고 말했다.

하나님의 말씀이 올바로 전달되면 나오는 결과는 뉘우침이며 그에 수반하는 것이 눈물이다(9절). 다른 예배 장치들로 흘리는 눈물은 성경적 예배와 관계가 없다. 하나님의 말씀에 대한 올바른 반응 뒤에는 기쁨과 즐거움이 뒤따른다.

느헤미야가 9절에서 『**오늘은 주 너희 하나님께 거룩한 날이니 슬퍼하지 말며 울지도 말라.**』라고 말했는데, 장막절은 즐거움의 명절이다(레 23:40). 이 점은 세 번 강조된다(9,10,11절). 유대인들은 이미 대속죄일에서 민족적인 죄들을 자백하고 회개한 일이 있었기에 장막절에서는 기뻐해야 한다(레 23:26-40). 말씀을 듣고 슬퍼하던 유대인들은 먹고 마시고 크게 기뻐했다(12절).

느헤미야는 『**주를 기뻐함이 너희의 힘이기 때문이라.**』(10절)라고 언급했는데, 이 말은 우리가 주님 자신을 기뻐한다는 뜻과 주님께서 기뻐하시는 것을 우리도 기뻐한다는 뜻이기도 하다.

3. 초막에 거해야한다는 명령을 지킴(8:13-17)

『**주**께서 모세를 통하여 명령하신 것이 율법에 기록되어 있는 것을 그들이 발견하였으니 이는 이스라엘 자손이 일곱째 달의 명절에 초막에 거해야 한다는 것이요』(8:14).

둘째 날에는 백성의 지도자들에 해당하는 사람들이 모여서 에스라로부터 율법을 듣고 성경을 깨닫게 되었다(13절). 그 결과 이스라엘이 장막절에는 "초막"에 거해야 한다는 점을 알게 되었고 백성들에게 지시가 내려져 초막을 만들어 초막 아래 앉았다. **『사로잡힘에서 돌아온 자들의 온 회중이 초막을 만들어 초막 아래 앉았으니』**(17절).

백성의 지도자들이 성경을 아는 것은 너무도 중요하다. 성경을 모르는 민족은 망하게 되는데, 지도자들이 성경을 무시할 때 그렇게 된다(렘 36:20-26, 왕하 24:1-2, 막 15:11). 반대로 백성을 이끄는 지도자 한 사람이 성경을 제대로 알고 믿는 사람이라면 나라를 지키고 부흥시킬 수 있다.

4. 팔 일째에 지켜진 엄숙한 집회(8:18)

> 『에스라가 첫날부터 마지막 날까지 날마다 하나님의 율법책을 낭독하였으며, 백성이 칠 일 동안 명절을 지키고 팔 일째에는 규례에 따라 엄숙한 집회가 있었더라』(8:18).

장막절의 7일간의 기간은 하루를 천 년으로 보시는 하나님의 관점에서 인류 역사 7,000년을 모형으로 보여 준다(시 90:4, 벧후 3:8). 장막절 기간에 거하는 초막(booth)은 임시 거처인데, 7,000년의 하늘들과 땅이 임시의 기간임을 보여 준다. 현재 있는 하늘들과 땅은 모두 불살라지고, 말아져 버릴 것이다(히 1:10-12, 벧후 3:10-13).

본문에서 첫날부터 마지막 날까지 칠 일 동안 날마다 하나님의 율법책이 읽혔듯이, 아담으로부터 예수 그리스도의 영광스러운 천년왕국의 통치까지 계속해서 하나님의 말씀은 전해질 것이다. 그리고 팔 일째는 『엄숙한 집회』가 있는데, 이는 백보좌 심판을 보여 준다(계 20:11-15).

제3과
복습문제

1. 성경에서 명단이 나오는 지루한 부분들은 통독하지 않아야 한다. (O , X)

2. 예배 시에 가장 중심이 되어야 하는 것은 복장이다. (O, X)

3. 하나님의 말씀이 제대로 전파된 곳에는 아무런 반응이 없다. (O, X)

4. 장막절은 예수 그리스도의 재림과 연관이 없다. (O, X)

5. 초막에 거하는 이스라엘을 보면, 그리스도인들도 이 땅 위에서 영원히 살 것처럼 생활해야 한다는 교훈을 받을 수 있다. (O, X)

■ 새롭게 깨달았거나 적용할 내용이 있다면 적어 보세요. ■

NOTES

NOTES

제4과
이스라엘 백성들의 회개(9, 10장)

『그 달 이십사일에 이스라엘 자손이 다 모여 금식하고, 굵은 베옷을 입고 먼지를 뒤집어썼으니, 이스라엘의 씨가 모든 타국인들로부터 자신들을 구별하여 서서 그들의 죄와 그들 조상의 죄악들을 자백하니라』(느 9:1,2).

장막절 기간이 끝난 뒤의 회개

"반드시 즐거워해야 하는"(신 16:13-15) 장막절 기간이 끝난 뒤, 이스라엘 백성들은 대대적인 금식과 회개에 들어갔다. 이전에 있었던 통곡과 자백을 까맣게 잊고(스 9,10장), 또다시 타국인들과 씨를 섞어 버린 까닭이었다. 이는 왕국을 남북으로 찢어버리실 만큼 하나님을 진노케 했던 죄였는데(왕상 11:1-3), 이스라엘 백성들은 바벨론 땅에서의 "징계의 기간"이 끝나기가 무섭게 또다시 그런 일을 거듭하여 벌였던 것이었다. 그러나 상황은 아직 치유의 방책이 없을 정도로 악화된 것은 아니었다. 그들은 재기할 수 있었다. 여전히 하나님의 말씀에 반응할 줄 알았기 때문이었다(대하 36:16, cf. 스 10:2-4).

백성들의 참된 회개

『그 달 이십사일에 이스라엘 자손이 다 모여 금식하고, 굵은 베옷을 입고 먼지를 뒤집어썼으니, 이스라엘의 씨가 모든 타국인들로부터 자신들을 구별하여 서서 그들의 죄와 그들 조상의 죄악들을 자백하니라』(9:1,2).

이스라엘 백성들은 그 땅의 거민들과는 혼인을 포함하여 어떠한 종류의 언약도 맺지 말아야 했다(출 34:15,16). 그 민족들이 그들의 신들을 음란하게 숭배하기 때문이요, 그런 사람들과 섞여서 살거나 가정을 이룬 이스라엘 백성들이 우상 숭배자로 전락하리라는 것은 명약관화한 일이었기 때문이었다.

그러나 이 "인종 통합"의 죄는 이스라엘 백성들에게는 마치 고질병과도 같은 "쉽게 에워싸는 죄"였고(히 12:1), 이스라엘은 이번에도 실패하고 말았다. 누구에게나 그런 죄가 있다. 자신이 처해 있는 상황에서 피해 버리기도 어렵고(판 1:19,34 참고), 자신의 약한 지점을 계속 파고드는 죄 말이다. 그런 죄를 정복하기 위해서는 하나님의 도우심과 더불어, 아무리 쓰라린 패배를 당해도 다시금 일어나 피 흘리기까지 싸우겠노라는 절박한 투지가 반드시 필요하다(히 12:4).

본문의 이스라엘 백성들에게서는 다행스럽게도 그러한 투지가 느껴지는데, 이는 그들 가운데 참된 회개가 있었기에 가능했던 일이다. 회개란 죄로부터 돌이켜 하나님께로 오는 것이다. 따라서 하나님께로 온답시고 수선을 떨었어도 여전히 죄들을 가지고 있다든가, 반대로 죄로부터는 돌이켰지만 하나님께로 오지 않고 행선지를 엉뚱하게 잡았다면 제대로 회개한 게 아니다. 이날 이스라엘 백성들은 그런 우를 범하는 수많은 사람들과는 달리, "죄로부터 돌이키는 것"과 "하나님께로 오는 것" 모두를 모범적으로 해냈다. 자신의 죄들을 깨달은 이스라엘 백성들은 "그 땅의 백성들로부터 스스로를 분리하여" "하나님의 율법으로 돌아왔던" 것이다(느 10:28).

죄들을 버리는 일이 동반되지 않는다면, "저는 하나님을 섬기겠어요."라는 기도는 무가치한 것이 되고 만다(수 24:16,18,21 참고). 하나님께서는 『**율법을 듣는 데서 귀를 돌이키는 자는 그의 기도마저도 가증한 것이 되리라.**』(잠 28:9)라고 말씀하시는 분이시다. 죄로부터의 성별을 철저히 실행했음에도 하나님께로 돌아오지 못해 문제가 되는 경우도 있다. 소위 근본주의 신학교들에는 이성 간의 접촉, 두발과 복장 상태 등에 관해 아주 엄격한 성별을 이뤘음에도 마음은 얼음장처럼 차가운 학생들로 넘쳐 난다. 그 "회칠한 무덤들"은(마 23:27) 외형적 성별을 통해 자기 의를 획득하는 데에서 만족했기에 진정한 회개에 이르지 못하고 있는 것이다(눅 18:9-14).

역사가 반복적으로 언급되는 이유

『우리 왕들과 고관들과 제사장들과 조상들도 주의 율법을 지키지 아니하였고 주께서 그들을 거슬러 증거하셨던 주의 계명들과 증거들에도 경청하지 아니하였기 때문이니이다. 그들은 그들의 왕국과 주께서 그들에게 베푸신 주의 크신 선하심과 주께서 그들 앞에 베푸신 넓고 기름진 땅 안에서 주를 섬기지 아니하였고 그들의 악한 행실에서 돌이키지도 아니하였나이다』(9:34,35).

성경에는 꽤 긴 기간에 걸친 이스라엘의 역사 일부를 개괄하여 서술하는 장면이 제법 나온다. 가령 시편 78편에는 모세로부터 다윗까지의 역사가, 시편 106편에는 모세로부터 재판관들의 시대까지의 역사가, 사도행전 7장에는 아브라함으로부터 솔로몬까지의 역사가, 여호수아 24장에는 아브라함의 아비 테라로부터 당대까지의 역사가, 사무엘상 12장에는 야곱으로부터 당대까지의 역사가 제시되고 있다. 주목할 만한 점은 앞서 언급한 부분들이 모두 이스라엘의 역사를 부정적으로 이야기한다는 것이다.

느헤미야 9장 본문의 레위인들 또한 같은 관점에서 이스라엘의 역사를 말하고 있다. 그들은 불순종하고 또 불순종했으며, 지금도 마찬가지로 불순종한 참이었다. 하나님의 엄청난 능력을 경험하고도 불편한 것이 생기면 불편한 것이 생기는 대로 금세 다른 신을 만들었으며(9:17,18), 배가 부르면 배가 부른 대로 율법을 등 뒤로 던져 버리는 것이 이스라엘의 "민족성"이었다(9:24-26). 하나님께서는 그들이 그럴 것을 이미 알고 계셨다. 『**그러나 여수룬이 살찌자 걷어찼도다. 네가 살찌고 네가 굵어지고 네가 기름으로 덮이니 그가 자기를 지으신 하나님을 버렸고, 자기 구원의 반석을 가볍게 여겼도다**』(신 32:15).

이와 같은 이스라엘의 "유서 깊은" 불순종은 대조적으로 하나님의 자비를 크게 부각하여 보여 준다(9:31). 전지전능하신 하나님께서는 이스라엘이 불순종함으로써 찾아온 위기 때에 부르짖으면 그들이 또다시 그럴 것이라는 사실을 아시면서도 계속해서 구해 주셨다. 하나님께서 마음을 돌리셨다면 이스라엘은 진작 끝장나고도 남았을 테지만 하나님께서는 이스라엘을 징계하실지언정 결코 버리지는 않으셨던 것이다. 레위인들은 그러한 하나님의 자비에 기대어(9:31) 징계로 인해 과거의 영광을 다 잃어버린 이스라엘의 현 상황을 놓고 읍소한다(9:32,36,37).

이러한 태도야말로 하나님의 뜻대로 하는 슬픔의 전형이다(고후 7:10,11). 그들의 기도는 "저희들은 이것밖에 안 되는 구제불능인 사람들입니다. 상황도 너무나 안 좋습니다. 저희들은 다 종들이 되었습니다. 이렇게 된 데에는 하나님의 탓이 없습니다. 다 저희들의 잘못으로 인해 벌어진 일들입니다. 그러나 주님께서만이 이 문제를 다루실 수 있습니다. 염치 불고하고 말씀드리오니, 자비로우신 주님께서 저희들의 어려움을 헤아리시고 도와주십시오." 하는 것이었다. 주님께서는 결코 이런 마음을 무시하시지 않는다(사 66:2). 이들의 태도가 요한복음 8:33의 유대인들과 얼마나 대조적인지 보라!

이스라엘 백성들은 이날 아무리 꼴불견인 모습으로 눈물을 흘렸다고 해도 후회하지 않았을 것이다. 그들로 하여금 그토록 변명하고, 분개하고, 두려워하며,

사모하고, 열성을 내고, 보복하게 하며, 하나님 앞에 언약을 세우게 했던(9:38) 원동력이 바로 그 눈물이었을 테니 말이다.

성경이 이스라엘의 역사를 반복하여 말씀하시는 또 다른 이유는 그 역사가 미래에 또다시 되풀이될 것이기 때문이다. 느헤미야 10장에 나오는 명단에는 아사랴, 예레미야, 오바댜, 다니엘, 바룩, 미가, 사독, 아히야 등의 "익숙한 이름들"이 대거 들어가 있다. 물론 이들은 우리가 아는 그 사람들과 "동명이인"일 뿐이다. 그러나 어느 것 하나 그냥 기록하시는 법이 없는 성령님께서 왜 하필 이런 이름들을 이 시점에 배치해 두셨는지는 생각해 볼 일이다. 그 까닭은 바로 그들이 느헤미야 때의 이스라엘 백성들처럼 "먼 나라"에 있다가(눅 19:12) 그 땅으로 다시 돌아올 것이기 때문이다(겔 37:12-14).

아삽 또한 이스라엘의 역사를 서술하는 시를 지으면서 의미심장하게도 "한 비유로 난해한 옛 말들을 말한다."라고 한 바가 있다(시 78:2). 이 말은 문자 그대로 이스라엘의 역사가 "비유"로서 장차 일어날 무언가를 보여 주고 있다는 뜻이다. 아닌 게 아니라 장차 이스라엘은 또다시 그 땅에서 쫓겨날 것이고, 다시 돌아올 것이 분명하다(겔 37:21,22). 그리고 그 때에는 더 이상 같은 역사가 되풀이되지 않도록 하나님께서는 궁극의 해법을 주실 텐데, 아예 그들의 마음속에 율법을 "프로그래밍"하시는 것이다(렘 31:31-34). 그 일을 끝으로 이스라엘의 뿌리 깊은 불순종은 완전히 종식된다. 이제 약속의 땅에서 다윗의 보좌에 앉으신 분의 통치 하의 태평성대를 누릴 일만 남는 것이다(사 9:6,7).

■ 새롭게 깨달았거나 적용할 내용이 있다면 적어 보세요. ■

저주와 맹세 안으로 들어가는 인침

『인을 친 사람들은 하갈랴의 아들 팀사다인 느헤미야와 시드기야… 또 나머지 백성들, 제사장들, 레위인들, 문지기들, 노래하는 자들, 느디님인들, 그 땅의 백성들로부터 스스로 분리하여 하나님의 율법으로 돌아온 모든 자들, 그들의 아내들, 그들의 아들들과 딸들, 즉 지식을 가진 자와 명철을 가진 모든 자들이 그들 형제들과 귀족들에게 결합하여 저주 안으로 또 맹세 안으로 들어갔으니』(10:1,28,29).

이스라엘 백성들은 일종의 공문서를 만든 셈이었다. 자신들이 행할 일에 대해 여러 사람들 앞에서 기록하고 인을 쳤기 때문이었다.

"인을 친다"는 것은 어떤 직위에 있는 사람이 자신의 문장이 새겨진 도구로(창 38:25, 에 3:12, 렘 22:24) 밀랍과 같이 성형이 가능한 물질을 눌러 그 모양을 찍어 내는 행위를 말한다. 그렇게 함으로써 인장의 주인이 그 내용을 보증한다는 것을 나타내는 것이다. 마찬가지로 본문의 상황도 제사장들과(10:1-8) 레위인들(10:9-13), 백성의 우두머리들이(10:14-27) 인을 침으로써 그 내용을 공증한 것이다.

어떤 사람들은 자신의 육신의 연약함을 한탄하며 거룩하게 살고자 하는 목표 자체를 세우지 않기도 한다. 어차피 안 될 것이라는 회의론에 사로잡혀 살아가는 것이다. 그런 사람들은 하나님께서 이날의 "조인식"에 참여한 이들을 지식을 가진 자들이요, 명철을 가진 자들이라고 말씀하신다는 점을 눈여겨볼 필요가 있다(28절).

하나님께서는 어차피 진토에 불과한 우리의 연약한 체질을 알고 계신다(시 103:14). 그러나 그 고사리 같은 손으로 자녀들이 성령님의 인도하심을 붙잡으려고 다짐하고 무언가를 계획할 때, 그분께서는 그 자체를 좋아하시고 존중해 주시는 것이다.

그런데 어째서 성경은 이 일이 저주 안으로 들어가는 일이었다고 말씀하시는 것일까? 그 이유는 율법 자체가 일종의 저주이기 때문이다(갈 3:10). 율법 아래 있는 사람들은 늘 살얼음판을 걷는 기분이었을 것이다. 율법이 없는 곳에는 범법도 없기에 하나님의 진노를 살 일도 없었을 텐데(롬 4:15), 율법을 받은 이상 이를 어기면 저주를 받는다는 두려움 속에 살 수밖에 없기 때문이다. 율법 외적으로 무언가를 하겠노라고 맹세하는 일도 마찬가지로 저주가 된다(행 23:12). 그것을 어기면 하나님께로부터 벌을 받게 되기 때문이다.

본문에서도 알 수 있듯, 이런 저주는 꼭 나쁜 것은 아니다. 어린아이일 때는 감시하는 사람이 있어야 버릇이 잡히는 것처럼(갈 3:23) 말이다. 그러나 주 예수 그리스도를 믿는 믿음이 온 이후에는 상황이 달라졌다(갈 3:25). 신약에서는 아예 맹세하지 말라는 경고가 두 번이나 주어졌다(마 5:34-37, 약 5:12). 단순히 주님과의 교제 속에서 무엇인가를 다짐하고 약속하는 문제라면 몰라도(행 18:18), 다른 사람들 앞에서 어떤 일을 공언함으로써 어겼을 때 죄가 될 상황을 만들지는 말라는 것이다.

주 예수 그리스도를 자신의 구주로 영접한 그리스도인들은 그러한 율법적 속박으로 득을 볼 것이 전혀 없다. 우리 그리스도인들은 자유에로 부르심을 받았으므로(갈 5:13), "무엇을 하지 않으면 나 자신이 그 대가를 치르겠다."라는 식의 법이 아니라 "나의 사랑이신 주님을 위해 이런 것을 드리겠다."라는 식의 법을 따라 살면 되는 것이다.

이스라엘 백성들이 지키겠노라고 맹세했던 것은 크게 세 가지였다. 첫째는 타국인들로부터 분리하겠다는 것이었고, 둘째는 안식일을 준수하겠다는 것이었으며, 셋째는 하나님의 전에서의 섬김을 지원하겠다는 것이었다. 이 모든 것들은 이스라엘로서의 그들의 정체성과 관련이 있었다. 하나님께서는 이집트에서 노예 생활을 하던 이스라엘을 민족들 가운데서 불러내셔서 타국인들과는 다른 거룩한 민족이 되게 하셨고(출 19:5,6), 그들에게 안식일을 표적으로 주심으로써 이 일을 드러내 보이도록 하셨으며(출 31:13), 그들로 하여금 다른 민족들이 섬기는 우상들을 거절하고 그분의 이름을 두시려고 선정하신 곳에서 경배를 드리게 하려고 약속의 땅으로 인도하신 것이었기 때문이다(신 12:1-7).

따라서 회개한 이스라엘이 이러한 것들에 열성을 내었던 것은 어찌 보면 당연한 일이었다. 탕자가 자신이 "아버지의 아들"이었음을 상기하고 아버지에게로 돌아갔듯, 이스라엘로서의 정체성을 회복하는 일과 하나님께로 돌이키는 일은 불가분의 관계였던 것이다. 교회 시대를 살아가는 우리들도 이러한 장면으로부터 교훈을 얻어 봄직하다. 곧 우리가 지난날의 죄들로부터 진정으로 회개했다면, 그리스도인으로서의 정체성을 다시금 견고히 해야 한다는 것이다. 우리는 늘 자신이 구속받은 목적에 합당하게 살고 있는지 점검해 보아야 한다. "과연 주님께서는 나보고 이런 인생을 살라고 피를 흘려 주셨던 것인가?" 이러한 질문에 스스로 명쾌하게 답하지 못한다면, 십중팔구 회개가 필요한 상태일 것이기 때문이다.

■ 새롭게 깨달았거나 적용할 내용이 있다면 적어 보세요. ■

제4과
복습문제

1. 이스라엘 백성들이 회개하고 성별을 실행했던 것은 장막절 기간 중에 있었던 일이었다. (O , X)

2. 느헤미야 때에 이스라엘 백성들이 그 땅의 백성들과 혼인함으로써 죄를 지었던 것은 전에는 없었던 새로운 행태였다. (O , X)

3. 성경에서 이스라엘의 역사를 인용하실 때에 대개는 이스라엘 백성들의 태도를 긍정적으로 묘사하신다. (O , X)

4. 이스라엘의 역사가 성경에서 반복적으로 인용되는 까닭은 그와 같은 일이 미래의 대환란 때에도 반복될 것이기 때문이다. (O , X)

5. 이스라엘 백성들이 율법을 지키겠노라고 맹세하는 문서를 만들었던 것은 그들에게는 일종의 (   )가 되는 일이었는데, 그대로를 이행하지 않으면 하나님께 벌을 받을 것이기 때문이었다.

■ 새롭게 깨달았거나 적용할 내용이 있다면 적어 보세요. ■

NOTES

NOTES

제5과
백성들의 십일조와 느헤미야의 개혁들(11-13장)

『그들이 그 율법을 듣자 혼혈의 모든 무리를 이스라엘로부터 분리하였더라』(느 13:3).

느헤미야를 통해 본 개혁의 단계

느헤미야는 "개혁"이 일어나는 과정을 잘 보여 주는 성경이다. 개혁의 첫 번째 단계는 "성경"이다. 『물문 앞에 있는 거리에서 아침부터 정오까지 남자와 여자와 알아들을 수 있는 자들 앞에서 읽으니 모든 백성의 귀가 율법책을 경청하더라』(8:3).

하나님의 말씀을 들으면 "깨달음"이 있게 된다. 『그렇게 그들이 하나님의 율법책을 명확히 낭독하고 그 의미를 알려 주어 백성들로 낭독한 것을 깨닫게 하였더라』(8:8).

말씀을 깨닫게 되면 "회개"가 따라온다. 『이스라엘의 씨가 모든 타국인들로부터 자신들을 구별하여 서서 그들의 죄와 그들 조상의 죄악들을 자백하니라』(9:2).

회개 이후에 "개혁"이 일어난다. 『그들이 그 율법을 듣자 혼혈의 모든 무리를 이스라엘로부터 분리하였더라』(13:3). 『그러자 온 유다가 곡식과 새 포도주와 기름의 십일조를 가져와서 보물창고에 들이더라』(13:12). 『또 내가 레위인들에게 명하기를 "몸을 깨끗이 하고 와서 성문을 지켜 안식일을 거룩하게 하라." 하였더라』(13:22).

■ 새롭게 깨달았거나 적용할 내용이 있다면 적어 보세요. ■

백성들의 십분의 일을 예루살렘에 거주시킴(11:1,2)

『백성의 치리자들이 예루살렘에 거하였고, 백성의 남은 자들을 제비 뽑아 십분의 일은 데려와 거룩한 성읍 예루살렘에 거하게 하고, 아홉 부분은 다른 성읍들에 거하게 하였으며 자원하여 예루살렘에 거하려고 스스로를 드린 모든 사람들을 백성이 축복하더라』(11:1,2).

십일조에 대해 처음으로 언급하고 있는 곳은 창세기 14장이다. 거기에서 아브라함이 예수 그리스도를 예표하는 한 이방인 제사장 멜키세덱에게 십일조를 바치고 있음을 보게 된다.

주께서는 그분 자신의 소유로서의 십일조를 요구하신다. 레위기 27장에 따르면 십일조는 "주의 것"이다. 『**십일조는... 주의 것이니**』(레 27:30). 백성들은 보통 양, 소, 황소, 박하, 아니스, 커민 등의 십분의 일을 바쳤고(말 3:10, 레 27:30-32), 이는 "창고들" 안에 저장되었다(말 3:10, 대하 31:11,12). 십일조로 바쳐진 돈은 레위인들을 지원하는 데 쓰였다(대하 31:4).

본문에서는 십일조로 사람들을 받으신다. 왜냐하면 유대인들은 어떤 "씨"와 연관되어 있기 때문이다(말 2:15, 스 2:59, 느 7:61; 9:8). 『**그가 하나로 만들지 아니하셨느냐? 그러나 그가 영의 남은 자를 가지셨느니라. 어찌하여 하나뿐이냐? 이는 그가 경건한 씨를 찾으려 하심이라**』(말 2:15).

출애굽기 16:33-36에서 모세는 만나의 십일조를 거두어 주 앞에 두라고 명령한다. 출애굽기와 민수기에서 일어났던 사건들은 앞으로 대환란에서 유대인들에게 일어날 일들에 대한 "비유"로 기록되었기에, 이 십일조는 유대인들을 보여 주는 하나의 그림이다. 이 유대인들은 대환란 기간에 셀라 페트라에서 적

그리스도를 피하여 만나를 먹고 지내는데(미 7:14,15, 계 12:6,14), 그 동안 적그리스도의 제사장들은 제단에서(계 6:9; 20:4) 유대인들을 먹는다(사 6:13, 시 16:4; 106:37). 이 끔찍한 일은 주 예수 그리스도께서 오셔서 끝을 맺으실 때까지(히 7:1,2) 계속된다.

하나님께서 중요하게 여기신 목록들(11:3-12:47)

『예루살렘에 거한 지방의 우두머리는 이러하더라. 그러나 유다의 성읍들에는 각자가 그들의 성읍에 있는 자기 소유에 거하였으니, 즉 이스라엘, 제사장들, 레위인들, 느디님인들과 솔로몬의 신하들의 자손이더라』(11:3).

여기부터 느헤미야 12:47까지 긴 목록이 나온다. 이어지는 내용은 여기에 이름만 기록되어 있는 명단들이다. 여기에서 "예루살렘에 거한 지방의 우두머리"(11:3-19), "다른 성읍들의 거주자"(11:20-36), "스룹바벨과 함께 올라간 제사장들과 레위인들"(12:1-9), "제사장들의 후손들"(12:10-21), "레위인 족장들"(12:22-26)이 차례로 열거된다. 이 명단은 하나님께서 사람들과 그들의 이름에 관심이 있으시다는 사실을 분명히 보여 준다.

이들의 이름은 영원토록 기억될 텐데(시 119:89, 마 24:35), 이 사람들은 예루살렘에 세워질 다윗의 보좌에 앉을 그 아들(시 2편)의 재림을 예시하는 사역 및 개인들과 연관되어 있기 때문이다.

예루살렘 안에는 노래하는 자들(22절)과 레위인들(22절) 그리고 왕의 편에 선 한 명의 조언자(24절)가 거하고 있었다. **『또한 예루살렘에 사는 레위인들의 감독은 웃시니 그는 바니의 아들, 하사뱌의 손자, 맛타냐의 증손, 미카의**

현손이요, 아삽의 아들들 중에서 노래하는 자들이 하나님의 전의 일을 감독하니라... 유다의 아들 세라의 자손 중 므세사브엘의 아들 프다히야는 왕의 편에서 백성에 관한 모든 일들을 맡았더라』(11:22,24). 하나님의 아들이 다시 돌아와서 다윗의 보좌에 앉으시기까지는 예루살렘에 진짜 왕은 없을 것이므로(시 2편, 렘 3장, 겔 40-48장), 이 구절에 나오는 『**왕**』은 페르시아의 왕을 말하는 것이다. 따라서 『**프다히야**』는 "페르시아의 대사"로서, 페르시아의 왕들에게 정보를 전해 주거나 그 왕들로부터 온 정보를 사람들에게 전달하게 된다.

레위인들의 우두머리들의 이름이 열거되는 가운데, 주목할 만한 표현이 하나 나온다. 『**또 레위인들의 우두머리로는 하사뱌와 세레뱌와 캇미엘의 아들 예수아인데 그들 맞은편에 있는 그들의 형제들과 더불어 하나님의 사람 다윗의 명령대로 각기 직무를 맡아 찬양하고 감사를 드리더라**』(12:24). 이 구절에서 다윗을 『**하나님의 사람**』이라고 표현한다. 이 표현은 36절에도 나온다. 『**모두 하나님의 사람 다윗의 악기를 들었으며 서기관 에스라가 그들의 앞서 가더라.**』 이 표현이 처음 나오는 곳은 신명기인데 모세를 가리켜 말했다. 『**하나님의 사람 모세가 죽기 전에 이스라엘 자손을 축복한 그 복이 이러하니라**』(신 33:1). 재판관기 13장에 나오는 천사도 『**하나님의 사람**』라 불린다. 재판관 삼손의 부모인 마노아와 그의 아내에 의해 두 번 언급되었는데(판 13:6,8) 『**주의 천사**』를 가리키는 말이었다. 『**주의 천사가 그 여인에게 나타나 그녀에게 말씀하시기를 "보라, 네가 임신하지 못하여 아이를 낳지 못하였으나 이제 네가 잉태하여 한 아들을 낳으리라... 그때 그 여인이 와서 자기 남편에게 고하여 말하기를 "하나님의 사람이 내게 왔는데 그의 용모는 하나님의 천사의 용모같이 심히 두려워서 내가 그에게 어디서 왔느냐고 묻지도 아니하였고, 그도 내게 자기 이름을 말하지 아니하였나이다**』(판 13:3,6). 열왕기상하에서는 이 표현이 55회 나오는데, 하나님께서 메시지를 전달하실 목적으로 부르신 선지자들을 언급한다.

예루살렘 성벽 봉헌식(12:27-47)

『예루살렘 성벽의 봉헌식에 그들의 모든 처소에서 레위인들을 찾아 예루살렘으로 데려가서 기쁨으로, 감사와 노래로, 심벌즈와 솔터리와 하프로 봉헌식을 가졌더라』(12:27).

느헤미야 12:27-47에서는 모든 백성들이 참석한 가운데 대대적인 의식이 거행되고 있다(42,43절). 8:1의 **『율법책』**에 이어 다시 한번 "책"이 등장하고(13:1, **『모세의 책』**), 그 "책"을 통해 다시 한번 개혁이 일어나고 있다(13장). 이는 "하나님의 말씀," 즉 성경의 힘과 권위가 삶을 변화시키고 뒤이어 마을들, 성읍들, 나라들을 변화시킨다는 사실을 암시해 준다.

UN에 속한 모든 나라들은 성경을 거절한 결과들을 감수해야 할 것이다. 럭크만 목사는 그 결과들이 태양이 아침에 떠오르는 것보다 더 확실하게 일어날 것이라고 말한 바 있다(겔 38-40장).

이 의식이 진행되는 가운데, 예루살렘의 기뻐하는 소리가 멀리까지 들린다. **『그 날 그들이 또한 큰 희생제를 드리고 즐거워하였으니 이는 하나님께서 큰 기쁨으로 그들을 즐겁게 하셨음이더라. 아내들과 자녀들도 즐거워하였으므로 예루살렘의 기뻐하는 소리가 멀리까지 들리더라』**(12:43). 이것은 에스라서에서 성전의 기초가 놓였던 때와 매우 유사하다. **『이 전의 기초가 그들의 눈 앞에서 놓여지자 첫 번째 전을 보았던 나이 많은 제사장들과 레위인들과 족장들 중 많은 사람이 큰 소리로 울었고, 많은 사람들이 기뻐서 크게 소리지르므로 백성들이 기뻐서 지르는 소리와 울음 소리를 분간할 수 없게 되었으며, 백성이 큰 소리로 소리지르니 그 소리가 멀리까지 들리더라』**(스 3:12,13).

유대인들은 성벽 밑에서 그 주위를 돌며 열을 지어 행진하다가 때때로 성벽

위로 올라가기도 한다. 노래하는 찬양대가 함께 행진하고 찬양의 외침이 들린다. 이는 시편 51:18의 내용이 부분적으로 성취되는 것이긴 하지만, 시편의 상당 부분이 그러하듯이 시편 51편의 내용도 에스겔 42-46장까지 연결되어 있다는 사실을 기억할 필요가 있다(시 122:7, 사 26:1 참조).

『**제사장들과 레위인들은 자신들을 정결케 하고 백성들과 성문들과 성벽을 정결케 하니라**』(12:30). 정결케 하는 일은 민수기 9:6-14과 19:9-21에 나와 있다. 『**깨끗한 사람이 암송아지의 재를 모아서 진영 밖 깨끗한 곳에 쌓아 둘지니, 그리하여 그것을 이스라엘 자손의 회중을 위한 성별의 물에 쓰기 위해 간수할 것이니라. 그것이 죄를 위한 정결이니라. 그 암송아지의 재를 모은 사람은 자기 옷을 빨지니, 저녁까지 불결할 것이요, 또 그것은 이스라엘 자손과 그들 가운데 기거하는 타국인에게 영원한 규례가 될지니라... 그 불결한 사람을 위하여 그들은 죄를 정결케 하려고 태운 암송아지의 재를 취하여, 흐르는 물과 함께 그릇에 담아서, 깨끗한 사람이 우슬초를 집어 그 물을 찍어서, 장막과 모든 그릇과 거기 있었던 사람들과 뼈나 살해된 자나 죽은 자나 무덤을 만진 자 위에 뿌리되, 그 깨끗한 사람이 셋째 날과 일곱째 날에 그 불결한 사람 위에 뿌려서, 일곱째 날에 그가 자신을 정결하게 할 것이며 그는 자기 옷을 빨고 물로 자신을 씻을지니, 그러면 저녁에는 깨끗하게 되리라**』(민 19:9,10,17-19).

『**정결의 직분**』(45절)은 제사장들과 레위인들에 관한 언급이다(44절). 그들은 제물들이 출애굽기에서 신명기까지 내용의 요구를 충족시키고 있는지 알아보기 위해 점검하는 사람들이다. 말라키 1장에서 발견되는 제물들은 그 요구를 충족시키지 못했음을 기억해야 한다. 『**너희가 더럽혀진 빵을 내 제단 위에 드리면서 말하기를 "우리가 어떻게 주를 더럽혔나이까?" 하니, 너희가 "주의 상은 멸시할 만하다."고 말함으로써 더럽혔도다. 너희가 눈먼 것들을 희생제로 드린다면, 그것이 악하지 아니하냐? 너희가 저는 것들과 병든 것들을 드린다면, 그것이 악하지 아니하냐? 지금 네 총독에게 그것을 바쳐 보라. 그가 너를 기뻐하**

겠으며 너를 외모로 받아들이겠느냐? 만군의 주가 말하노라... 그러나 너희는 "주의 상은 더럽혀졌고, 거기에 있는 과실, 곧 그의 음식은 멸시할 만하도다." 고 말함으로써 그것을 모독하였도다. 너희는 또 말하기를 "보라, 이 얼마나 따분한 일인가!" 하며, 그 일에 코웃음 쳤도다. 만군의 주가 말하노라. 그리하여 너희는 찢기고 절며 병든 것들을 가져왔으니, 이렇게 너희가 제물을 가져왔도다. 내가 너희 손에서 이것을 받아들여야겠느냐? 주가 말하노라』(1:7,8,12,13). 하나님께서 인정할 수 없는 제물을 드리는 것은 헛된 일이다. **『너는 창녀의 몸값이나 개로 번 돈을 주 너의 하나님의 집에 어떤 서원하는 일로도 가져오지 말라. 이는 이 두 가지 모두가 주 너의 하나님께 가증함이니라』**(신 23:18).

느헤미야의 개혁(13장)

1. 혼혈 분리(13:1-3)

『그 날에 그들이 백성의 청중에게 모세의 책을 낭독하였는데, 그 책에 암몬인과 모압인은 영원히 하나님의 회중에 들어오지 못하리라고 기록된 것이 발견되었으니, 이는 그들이 빵과 물로 이스라엘 자손을 맞지 아니하고 오히려 그들을 대적하고 발라암을 매수하여 이스라엘을 저주하게 하였음이더라. 그러나 우리 하나님께서 그 저주를 축복으로 바꾸셨도다. 그들이 그 율법을 듣자 혼혈의 모든 무리를 이스라엘로부터 분리하였더라』(13:1-3).

심판자이신 하나님께서 롯의 두 혼혈 이집트인(함족) 후손들(1절)에 관해 언급하신 내용은 신명기 23:3에서 발견된다. 이 후손들 중 어느 민족 출신의 남성이든지 자손들의 10대가 지나야만 "유대인"으로서 그 회중에 들어갈 수 있다. 이는 『**영원히**』 지속되는 법칙이었다. 『**암몬인과 모압인은 주의 회중에 들어가지 못하리니 그들의 십 대까지도 그들은 주의 회중에 영원히 들어가지 못하리라. 너희가 이집트에서 나왔을 때에 그들이 빵과 물을 가지고 너희를 맞이하지 아니하였기 때문이요, 또한 그들이 너를 대적하여 메소포타미아의 프돌의 브올의 아들 발라암을 고용하여 너를 저주하게 하였기 때문이라. 그러나 주 너의 하나님께서는 발라암에게 경청하지 아니하시고, 오히려 주 너의 하나님께서는 그 저주를 네게 복으로 바꾸셨으니 이는 주 너의 하나님께서 너를 사랑하셨음이라**』(신 23:3-5).

이 문제는 두 번이나 "**남은 자들**"에게 재앙을 가져오게 했던(스 9:1,2, 느 10:28) 바로 그 문제다. 『**적은 누룩이 온 반죽을 부풀게**』(고전 5:6, 갈 5:9) 하기에, 성별을 지키려는 성도는 반드시 적은 누룩에도 주의해야 한다.

2. 고위직 인사의 부정부패를 척결(13:4-9)

『내가 예루살렘에 와서 엘리아십이 하나님의 전의 뜰들에 토비아에게 방을 마련하여 준 악행을 알았으니... 또 내가 명하니 그들이 그 방들을 청소하였고 내가 하나님의 전의 기명들을 음식 제물과 유향과 함께 다시 그리로 가져오니라』(13:7,9).

『**엘리아십**』은 레위인 제사장이지만, 느헤미야 최대의 적들 가운데 한 사람과 "친분"을 쌓으며 다소 "특별한 호의"까지 베풀었다(7절). 토비아는 하나님의 기명들이 보관되어 있던 신성한 방들(9절)을 마치 개인의 집무실처럼 사용하는 혜택을 누렸고, 레위인이 아니었음에도 불구하고 성전의 업무를 하는 것처럼 행세하며 유대 백성들이 바친 제물들 중에서 일부를 마치 정당한 보수처럼 받았을 것이다. 에스라는 하나님의 일을 맡은 고위직 인사의 부정부패를 척결한 것이다.

3. 사역자들에 대한 불합리한 처우 개선(13:10-14)

『또 레위인들이 몫을 받지 않은 것을 내가 알았으니 그 직무를 행하는 레위인들과 노래하는 자들이 각기 자기 밭으로 도망하였음이라… 또 내가 제사장 셀레먀와 서기관 사독과 레위인 브다야와 그들 다음으로 맛다냐의 손자, 삭굴의 아들 하난을 재무를 감독하는 재무관들로 삼았으니 이는 그들이 신실한 자들로 여겨졌음이라. 그들의 직분은 그들의 형제들에게 분배하는 것이었더라』(13:10,13).

레위인들이 처한 상황은 확실하다. 하나님의 일을 하는 레위인들을 위해 돈으로 그 사역을 지원하는 사람이 아무도 없었다는 것이다. 바울은 느헤미야 13:10의 유대인들이 "노동자에게 마땅히 받아야 할 급료"를 지불하지 않고 그의 사역의 대가에 합당한 "물질적인 필요들"을 채워 주지 않는 죄를 범하고 있다고 말한다(고전 9:11-14, 롬 15:27, 빌 4:10,15-17). 『**성전의 일을 하는 사람들은 성전에서 나오는 것을 먹고 제단을 섬기는 사람들은 제단에 있는 것으로 나누어 가진다는 것을 너희가 알지 못하느냐? 이와 같이 주께서도 복음을 전하는 사람들은 복음으로 살아야 한다고 명령하셨느니라**』(고전 9:13,14).

하나님의 일을 하는 사역자, 특히 목사가 생계를 유지하기 위해 사역이 아닌 다른 일을 하느라 많은 시간을 써야 하는 상황을 생각해 보자. 사실 그 시간은 심방과 성경 연구, 전도지 배포, 병원 심방, 기도, 설교 준비로 활용해야 하는 시간이다. 잘 알다시피 그런 활동들의 유무에 따라 회중들은 즉각적인 영향을 받게 되는 법이다. 느헤미야는 몇몇의 정직한 사람들을 세워 헌금을 맡게 함으로써 목사의 생계 문제를 해결하고 있다(13절). 이로 인해 생활비가 목사에게 확실하게 지급되었다. 『**그들의 자리에 세우니라**』(11절).

느헤미야는 치리자들과 다투어 『**어찌하여 하나님의 전이 버려졌느냐?**』라고 추궁했다. 『**하나님의 전**』이 버려진 이유는 다음과 같다.

1) 지원 부족(10절).

2) 세속적인 사람들과의 혼합(2절).

3) 자금 횡령 및 제물들에 대한 거짓말(5-7절).

4) "친척 일가"에 특별한 호의를 보이는 교회의 정략적 행위(7절).

5) 일을 쉬지 않고 예배에 참석하기를 거부한 행위(15-20절).

6) 구원받지 않은 사람들과의 결혼(23-27절).

4. 안식일 회복(13:15-22)

『내가 유다의 귀족들과 다투어 그들에게 말하기를 "너희가 어찌하여 이 악한 일을 행하여 안식일을 더럽히느냐? 너희 조상들이 이같이 행하지 아니하였으며 우리 하나님께서 이 모든 재앙을 우리와 이 성읍에 내리지 아니하셨느냐? 그런데도 너희가 안식일을 더럽힘으로 이스라엘에 더 큰 진노를 가져오는도다." 하니라. 안식일 전날 예루살렘 성문들이 어두워지기 시작할 때 내가 성문들을 닫으라고 명령하고 안식일이 지나기 전에는 열지 말라고 당부하였으며 내 부하 중 몇을 성문들에 세워 안식일에는 어떤 짐도 들여오지 못하게 하니라』(13:17-19).

『**안식일**』은 정기적으로 매주 1번씩 지켜지는 날이며, 하나님께서 하나님과 유대인들 사이의 표적으로 주신 것이다. 『**"너는 또한 이스라엘 자손에게 고하여 말하기를 '너희는 나의 안식일들을 참으로 지킬지니 이는 그것이 너희 대대**

에 걸쳐 나와 너희 사이에 표적임이라. 이로써 내가 너희를 거룩케 하는 주임을 너희로 알게 하려는 것이라... 그것이 나와 이스라엘 자손 사이에 영원히 표적이 되리라. 이는 엿새 동안에 주께서 하늘과 땅을 지으시고 일곱째 날에는 쉬시어 숨을 돌리셨음이라.' 하라." 하시니라』(출 31:13,17). 안식일은 『**너희 대대에 걸쳐 나와 너희 사이에 표적**』이고 『**나와 이스라엘 자손 사이에 영원히 표적**』이다.

5. 인종 혼합 금지 및 위반자의 직위 해제(13:23-31)

『내가 그들을 책망하고 저주하며 그들의 몇 사람을 때리고 그들의 머리털을 뽑고 하나님으로 맹세하게 하여 말하기를 "너희는 너희 딸들을 그들의 아들들에게 주지 말고 너희 아들들이나 너희를 위하여 그들의 딸들을 취하지 말라. 이스라엘의 솔로몬왕이 이런 일들로 범죄하지 아니하였느냐? 많은 민족들 가운데서 그의 하나님의 사랑을 받은 그와 같은 왕이 없었으니 하나님께서 그를 왕으로 삼아 온 이스라엘을 다스리게 하셨느니라. 그러나 그조차도 이방 나라 여인들이 죄를 짓게 하였느니라. 그런데 우리가 너희에게 경청하고 타국의 아내들과 혼인하여 우리 하나님을 거슬러 범죄하고 이 모든 큰 악을 행해야 하겠느냐?" 하였더라』(13:25-27).

이스라엘 백성들에게 인종 혼합은 곧 죄이다. 느헤미야는 분명히 인종 혼합을 가리켜 『**범죄하지 아니하였느냐?**』(26절), 『**죄를 짓게 하였느니라.**』(26절), 『**우리 하나님을 거슬러 범죄하고**』(27절), 『**이 모든 큰 악을 행해야 하겠느냐?**』(27절)이라 말하고 있다.

느헤미야에게 있어서 『**하나님의 사랑을 받은**』 솔로몬왕은 인종 혼합의 문제와 관련하여 범죄했을 뿐만 아니라 지금까지 하나님의 율법을 범해 왔던 아주 심한

중죄인들 가운데 한 사람일 뿐이었다. 솔로몬왕은 『**다윗의 아들**』로서 메시아의 천년 통치를 완벽하게 보여 주는 거의 유일한 모형이다(시 72:1, 왕상 4-9장).

솔로몬의 죄

솔로몬은 인종 혼합 이외에도 4가지 중요한 죄를 범했다.

1. 그는 어떤 아내든 많이 두지 말아야 한다는 명령을 들었음에도 (신 17:17) 천 명이나 되는 아내를 두었다.
2. 그는 금을 크게 늘리지 말아야 한다는 명령을 들었음에도 당대 은의 가치가 구리만큼이나 별 볼일 없을 정도로 많이 쌓아 놓았다(왕상 10:21, 신 17:17).
3. 그는 병거용 말들과 경주용 말들을 더 많이 얻기 위해 이집트에서 가져오지 말라는 명령을 들었음에도 그런 일을 그대로 행하고 말았다(왕상 10:28).
4. 그는 창세기에서 신명기까지의 내용을 몸소 직접 베껴서 매일같이 그것을 읽으라는 가르침을 받았음에도(신 17:18-20) 이 중 어떤 것도 실행하지 않았다.

이 모든 죄 위에 그가 저지른 가장 큰 범죄는 "**우상 숭배**"를 허용하고 자신도 그 신들을 따른 것이었다(왕상 11:1-11). 결국 이러한 우상 숭배는 솔로몬왕이 행한 인종 혼합에서 비롯된 것이었다. 즉, 그를 엉망으로 만들어 버린 장본인이 다름 아닌 "이방 나라"에서 온 그의 아내들이었다. 『**솔로몬이 늙자 그의 아내들이 그의 마음을 돌이켜 다른 신들을 따르게 하였더라. 그의 마음이 그의 아버지 다윗의 마음처럼 주 그의 하나님과 더불어 온전하지 아니하였으니 이는 솔로몬이 시돈인들의 여신 아스토렛을 따라가고 암몬인들의 가증한 것인 밀콤을 따랐음이라**』(왕상 11:4,5).

『그때 대제사장 엘리아십의 손자, 요야다의 아들들 중 하나가 호론인 산발랏의 사위가 되었으므로 내가 그를 내게서 쫓아내니라』(13:28). 7절에서 부정부패를 행한 장본인이었던 고위직 인사 『**엘리아십**』의 손자들 가운데 하나가 산발랏의 딸들 중 하나와 결혼했다. 호론인 산발랏은 느헤미야 2:10,19; 4:1,7; 6:1,5,14에서 언급된 바대로 유대인들의 가장 사악한 적들 가운데 한 사람이었다. 레위인 고위직 인사 『**엘리아십**』이 외부의 대적 『**호론인 산발랏**』과 인척관계를 맺으면서 성전의 제물을 대적 『**암몬인 토비야**』에게 빼돌리는 매국노 짓을 하고 있었던 것이다. 그의 손자는 고위직 집안의 자제로서 느헤미야의 업무 중 일부를 담당하는 자리에 있었던 것 같다. 느헤미야는 그를 즉시 그 자리에서 물러나게 함으로써 "인종 혼합"에 상응하는 대가를 치르게 했다. **『내가 그를 내게서 쫓아내니라.』** 개혁에는 결단이 요구된다.

느헤미야의 개혁에서 배우라

느헤미야의 개혁은 우리에게 개혁에 관한 몇 가지 통찰을 부여한다.

첫째는 "**무엇을 기준으로 개혁할 것인가?**"인데, 모든 개혁의 기준은 "**성경**"이어야 한다. 특히 "**바른 성경**"이 개혁의 기준이어야 한다(8:3, 13:1,18).

둘째는 "**무엇부터 시작할 것인가?**"인데, 개혁의 시작은 "**성별**"에서 시작되어야 한다(10:28, 13:3).

셋째는 "**성역 없는 개혁**"이어야 한다는 것이다(13:9,28).

넷째는 "**사역자의 생계를 위한 처우 개선**"이 반드시 고려되어야 한다는 것이다(13:10-14).

제5과
복습문제

1. 『백성의 치리자들이 예루살렘에 거하였고, 백성의 남은 자들을 제비 뽑아 십분의 (　　　)은 데려와 거룩한 성읍 예루살렘에 거하게 하고, 아홉 부분은 다른 성읍들에 거하게 하였으며』(느 11:1).

2. 『또 레위인들의 우두머리로는 하사뱌와 세레뱌와 갓미엘의 아들 예수아인데 그들 맞은편에 있는 그들의 형제들과 더불어 하나님의 사람 (　　　　　)의 명령대로 각기 직무를 맡아 찬양하고 감사를 드리더라』(느 12:24).

3. 『그 날에 그들이 백성의 청중에게 (　　　　　)의 책을 낭독하였는데, 그 책에 (　　　　　)과 (　　　　　)은 영원히 하나님의 회중에 들어오지 못하리라고 기록된 것이 발견되었으니』(느 13:1).

4. 또 내가 제사장 셀레먀와 서기관 사독과 레위인 브다야와 그들 다음으로 맛다냐의 손자, 삭굴의 아들 하난을 재무를 감독하는 재무관들로 삼았으니 이는 그들이 (　　　　　)한 자들로 여겨졌음이라. 그들의 직분은 그들의 형제들에게 분배하는 것이었더라』(느 13:13).

■ 새롭게 깨달았거나 적용할 내용이 있다면 적어 보세요. ■

NOTES

복습 문제 정답

제1과

1. 느헤미야
2. 자백
3. 약속
4. 족석
5. 12

제2과

1. 하나님
2. 두려워
3. 스마야, 성전
4. 52
5. 혈연

제3과

1. X
2. X
3. X
4. X
5. X

제4과

1. X
2. X
3. X
4. O
5. 저주

제5과

1. 일
2. 다윗
3. 모세, 암몬인, 모압인
4. 신실

솔로몬 성경공부 시리즈

느 헤 미 야

느헤미야의 예루살렘 재건

초판1쇄　2024년 10월 25일
초판2쇄　2024년 11월 15일
지 은 이 / 편 집 부
발 행 인 / 박 승 용
발 행 처 / 말씀보존학회
출판등록 / 제409-2022-000036호
주　　소 / 서울 강서우체국 사서함 제90호
전　　화 / (02) 2665 - 3743
팩　　스 / (02) 2665 - 3302
인 터 넷 / www.biblemaster.co.kr

값 10,000 원